LÉON DESCHAMPS

HISTOIRE SOMMAIRE

DE LA

COLONISATION FRANÇAISE

Lettre-Préface de M. P. FONCIN

Librairie Fernand Nathan
PARIS

HISTOIRE SOMMAIRE

DE LA

COLONISATION FRANÇAISE

1935

OUVRAGE DU MÊME AUTEUR

Isaac de Razilly, broché, grand in-8° (Delagrave)....... **1** »

Histoire de la Question coloniale en France, in-8°, 416 p.
(Plon, Nourrit et Cⁱᵉ)................................. **7 50**

(Ouvrage couronné par l'Académie des sciences morales et politiques.
Prix AUDIFFRED.)

Les Compagnies de colonisation et le Conseil supérieur
des colonies, broché, in-16 (Challamel)................. **1** »

Paris. — Imp. E. CAPIOMONT et Cⁱᵉ, rue des Poitevins, 6.

HISTOIRE SOMMAIRE

DE LA

COLONISATION FRANÇAISE

PAR

Léon DESCHAMPS
Lauréat de l'Institut.

Lettre-Préface de M. FONCIN
Inspecteur général de l'Université.

Ouvrage orné de 10 cartes et 13 gravures.

PARIS

LIBRAIRIE CLASSIQUE FERNAND NATHAN
18, RUE DE CONDÉ, 18

1894

Octave AUBERT

Pour

Nos chers Enfants

POÉSIES DE L'ÉCOLE ET DU FOYER

Préface de FRANÇOIS COPPÉE

1 vol. in-12, édition populaire, reliure faç. toile...　**1 50**
1 vol. in-12, édition de luxe, japon français.......　**2　»**

LETTRE-PRÉFACE

CHER MONSIEUR,

Vous désirez que je vous envoie quelques mots d'introduction à votre **Histoire sommaire de la Colonisation française**. Vous vous exagérez ma compétence et mon autorité en ces matières. Mais je tiens à vous être agréable et je m'exécuterai donc de bonne grâce. Je saisis même avec empressement cette occasion de vous témoigner publiquement l'estime particulière que j'ai pour votre caractère, votre conviction et votre consciencieuse ardeur au travail. Quant à votre talent, l'Académie française en a décidé mieux que je ne pourrais faire en accordant récemment une de ses récompenses les plus enviées à l'auteur de l'*Histoire de la Question coloniale en France*.

L'ouvrage que vous présentez, cette fois, aux maîtres et aux élèves de nos écoles commerciales, et qui devance les programmes officiels des autres établissements de l'Instruction publique, ne répond pas seulement à un vœu du Congrès colonial de 1889 et aux désirs exprimés par plusieurs de nos Sociétés de géographie, il arrive à une heure propice, il va au-devant de la pensée de tous les Français (et ils sont, Dieu merci, tous les jours, plus nombreux) qui s'intéressent à l'avenir de la France extérieure, indissolublement unie désormais dans ses destinées à la vieille France du continent européen.

L'histoire de la colonisation française n'est pas écrite encore; loin de là, elle n'est pas mûre. Vous nous en présentez une esquisse, vous en marquez les grandes lignes; vous ne pouviez aller plus loin pour le moment, car il n'y a d'histoire véritable que des événements qui ont abouti, et, sans vouloir décourager aucun effort (au contraire), il me sera bien permis de constater que si nous assistons à la formation d'un grand empire colonial français, à l'heure présente, cet empire, dans son ensemble au moins, n'est pas fondé. Pour ne citer que quelques exemples, les questions du Mékong, du Niger, de l'Oubangui, de Madagascar ne sont pas résolues; MM. de Brazza, Monteil, Pavie, Archinard et tant d'autres, sont les glorieux représentants de l'âge héroïque de la nouvelle colonisation française.

Si elle a eu aussi et si elle possède sous nos yeux des organisateurs de premier ordre tels que Faidherbe et Paul Bert, Le Myre de Vilers, Cambon, de Lanessan, cette organisation commence à peine, et elle est fort loin d'être achevée.

Un des faits généraux qui frapperont, je crois, tout lecteur de votre histoire sommaire, c'est que la France n'a jamais eu d'ordre ni de suite dans sa politique coloniale. Elle a essayé tour à tour du régime des concessions, puis des grandes compagnies et de l'administration directe; à la fin du règne de Louis XV elle n'avait même plus de politique coloniale du tout; à peine, il est vrai, lui restait-il des colonies. La Révolution entreprit l'expérience d'un régime de liberté. Nouvelle banqueroute coloniale sous le premier Empire, et retour au système despotique. Enfin, de nos jours on paraît entrevoir la réalité des choses, j'entends l'extrême diversité des colonies, la nécessité de varier leur organisation suivant leur complexion particulière, et l'on peut dire que presque tous les systèmes possibles sont expérimentés à la fois. C'est bien, mais à la condition pourtant qu'une volonté centrale, mettant de l'ordre dans ce chaos, saisira cette variété nécessaire dans la forte main de l'unité nationale et apportera dans l'exécution de ses plans une inflexible persévérance.

Soyons justes envers le passé. Si la France a été dépourvue d'une politique coloniale, c'est surtout que son Gouvernement n'était pas soutenu par l'opinion. Cette opinion se forme peu à peu. Il y a vingt ans à peine on pouvait aisément faire le dénombrement des « coloniaux », c'est-à-dire du parti favorable à l'expansion extérieure de la France; mais, grâce à la propagande des Sociétés de géographie qui bientôt ont couvert tout le pays de leur patriotique réseau, grâce aux Chambres de commerce et (pourquoi ne le dirions-nous pas?) aux efforts de l'*Alliance française*, dont vous êtes, monsieur, un des champions les plus zélés, grâce surtout à la clairvoyance de quelques hommes politiques dont on bénira plus tard la mémoire, oubliant les quelques fautes qu'ils ont pu commettre, enfin par la force des choses qui pousse toutes les nations contemporaines à se tailler d'avance, sous peine d'étouffement prochain, de vastes champs d'action dans le monde futur, la masse profonde de la démocratie française commence à comprendre la nécessité et la grandeur de l'œuvre coloniale.

Votre petit livre, substantiel en sa concision, éloquent sans phrases et par le seul groupement des faits et des chiffres, contribuera à convaincre ceux qu'il importe surtout de persuader, les *jeunes*, et, parmi cette jeunesse, les commerçants de demain. Armée pacifique, qui nous a trop manqué jusqu'ici.

De hardis aventuriers, des explorateurs intrépides nous en avons toujours eu, car le vieux sang gaulois n'est pas tari dans nos veines, et aussi des apôtres, et aussi (trop vraiment) des fonctionnaires. Les colons, c'est avec prudence et discernement qu'on doit les expatrier, et l'heure de quelque puissant exode ne semble pas encore avoir sonné. Mais les commerçants, qui les retient, sauf la timidité des capitaux et l'ignorance des conditions réelles, des ressources infinies du vaste monde? Combien de jeunes Français languissent dans les geôles inférieures de quelque administration qui pourraient déployer librement au dehors leur intelligence et leur activité! Il se trouve justement que nous avons jusqu'ici peu de colonies de peuplement, tandis que nous avons conquis de vastes territoires productifs, où nous nous laissons devancer et comme déposséder par des comptoirs étrangers. C'est donc notre éducation qui est à refaire?

Mais ce genre de considération m'entraînerait trop loin. Je me borne à vous remercier et à vous féliciter, Monsieur, d'avoir compris qu'il est temps pour la France de reprendre parmi les peuples sa prépondérance commerciale, de tous côtés battue en brèche, et de se maintenir de pied ferme tout au moins au second rang. Ses rivaux d'outre-Manche lui ont depuis longtemps indiqué la méthode à suivre dans la conquête économique d'une région. Chacun son rang dans l'attaque, sa part dans le succès.

En tête marchera l'explorateur qui fraiera le sentier et plantera le drapeau; à l'ombre du drapeau, sous des huttes, s'installeront le maître d'école ou le missionnaire; et par le sentier frayé s'avanceront les ballots de marchandise. Puis la hutte sera remplacée par une maison, le sentier deviendra route ou voie ferrée, la station ville et centre de plantation, tandis que s'élèvera la population indigène, bégayant la langue de ses protecteurs et cliente de leur industrie, qu'elle leur prêtera le secours de ses bras, accroîtra leur puissance, et du même coup étendra à la surface du globe les archipels grandissants et peu à peu soudés les uns aux autres de la paix, de la justice et de la civilisation européennes.

Tel est du moins l'idéal à atteindre. Idéal digne de tenter l'ardeur généreuse des jeunes pionniers du commerce français.

P. Foncin.

PRÉFACE DE L'AUTEUR

Nous possédons aujourd'hui un beau domaine colonial : est-il bien connu? Nos hommes d'État sont gagnés à l'œuvre de la colonisation : la nation l'est-elle?

Il semble que la mise en valeur de nos possessions laisse à désirer. Hommes et capitaux émigrent lentement; l'importation étrangère encombre nos marchés d'outre-mer ; d'immenses étendues restent incultes.

A ce fâcheux état de choses ne peut-on trouver des remèdes?

Il en est un, du moins, que je crois efficace. Il a été indiqué par le Congrès colonial de 1889 : « L'enseignement de la géographie coloniale dans les établissements publics d'instruction est insuffisant ; la diffusion de cet enseignement aurait pour résultat, en répandant *le goût* et *la connaissance* des questions coloniales, de détourner partiellement sur nos colonies le courant qui porte aujourd'hui les jeunes Français vers les carrières libérales[1]. »

La pensée de ce petit livre est là tout entière.

On y trouvera un exposé méthodique des *questions*

---

[1]. Le Congrès des Sociétés françaises de géographie réuni à Lille, du 1er au 6 août 1892, a exprimé des vœux semblables.

coloniales lié à une histoire succincte de la colonisation, un récit plus complet de la colonisation contemporaine destiné à mieux faire connaître notre empire actuel, des renseignements pratiques sur toutes nos colonies de nature à en faire ressortir la valeur économique.

Ce livre peut être dès maintenant, semble-t-il, un Manuel utile dans les écoles primaires supérieures et les écoles commerciales; il pourra l'être dans les écoles normales et les lycées, quand le vœu du Congrès sera exaucé. Les hommes faits, les électeurs ne trouveront-ils pas même quelque profit à le lire? Ces questions sont si nouvelles que beaucoup les ignorent, qui peut-être n'osent les aborder dans des livres trop savants ou trop volumineux.

En tout cas, mon but a été de mettre à la portée de tous des connaissances que tous aujourd'hui doivent avoir.

LÉON DESCHAMPS.

Liste des gravures.

Liste des cartes.

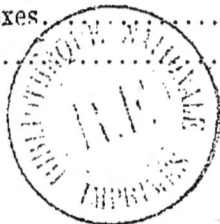

BIBLIOGRAPHIE

OUVRAGES HISTORIQUES GÉNÉRAUX

P. CLÉMENT : *Histoire de Colbert.*
VIVIEN DE SAINT-MARTIN : *Dictionnaire géographique.*
GAFFAREL : *Les Colonies françaises.*
RAMBAUD : *La France coloniale.*
MAGER : *Atlas colonial.*
HENRIQUE : *Les Colonies françaises.*
LEROY-BEAULIEU : *De la Colonisation chez les peuples modernes.*
PIGEONNEAU : *Histoire du Commerce en France.*
L. DESCHAMPS : *Histoire de la Question coloniale en France.*

OUVRAGES PARTICULIERS

1° Amérique.

MARC LESCARBOT : *Histoire de la Nouvelle-France* (1609).
CHARLEVOIX : *Histoire de la Nouvelle-France* (1744).
LABAT : *Nouveau voyage aux Iles de l'Amérique* (1722).
RAYNAL : *Histoire philosophique des deux Indes* (1781).
WINSOR : *Narrative and critical history of America* (t. IV et V).

2° Afrique.

GRANDIDIER : *Madagascar.*
BERLIOUX : *André Brue.*
C. ROUSSET : *Conquête de l'Algérie.*

3° Asie.

TAVERNIER : *Voyage en Perse et aux Indes* (1677).
BERNIER : *Voyages* (1699).
MALESON : *Les Français dans l'Inde.*
HAMONT : *Dupleix. Lally-Tollendal.*
BOUÏNAIS et PAULUS : *L'Indo-Chine.*

VOYAGES

ABBÉ LEPRÉVOST : *Histoire générale des voyages.*
CHARTON : *Voyageurs anciens et modernes.*
— : *Le Tour du Monde.*

CHAPITRE PRÉLIMINAIRE

DIVISIONS

§ 1. — **Territoire**. — Sous le rapport du **territoire**, l'histoire de la colonisation française comporte quatre divisions très nettes :

1° *Jusqu'au ministère de Richelieu,* les Français n'ont exploré que l'Amérique du Nord et fondé que la colonie du Canada.

2° *Jusqu'en* 1713, ils ont fait toutes leurs acquisitions en Amérique, aux Antilles, en Afrique et en Asie, et sont en possession nominale ou effective du plus grand empire colonial des temps modernes.

3° *Jusqu'en* 1815, ils se laissent dépouiller morceau à morceau par les Anglais.

4° *Depuis* 1815 et surtout *depuis* 1830, ils ont reconstitué un domaine colonial, qui est à peu près le tiers de celui d'autrefois.

§ 2. — **Administration**. — Sous le rapport du **régime** appliqué aux colonies, d'autres divisions s'imposent.

1° Le seizième siècle ne connaît que les *concessions personnelles*, faites à des explorateurs ou à des seigneurs.

2° Au dix-septième et au dix-huitième siècle, principalement de 1626 à 1769, fleurit le régime des *grandes Compagnies privilégiées* et du *pacte colonial*.

3° De 1769 à 1802, surtout durant la Révolution, est essayé le *régime de liberté* comportant l'assimilation politique, l'autonomie administrative, la liberté commerciale, la liberté du travail et des personnes.

4° De 1802 à 1870, on revient à *l'ancien régime*, sauf les concessions commerciales faites en 1861 et 1866.

5° Depuis 1870, on reprend, au moins en partie, la *doctrine de la Révolution.*

Ces dernières divisions sont vraiment spéciales à l'histoire coloniale. Elles rendent un meilleur compte du profit de la colonisation. C'est donc à elles que nous nous attacherons.

§ 3. — **Profit territorial et commercial.** — La richesse des nations est formée d'éléments multiples ; elle se dégage d'actions et réactions, souvent difficiles à analyser. On croit pouvoir ramener celle que produit l'expansion coloniale aux termes suivants, qui seront examinés dans chaque période :

1° L'*extension du domaine,* qui est le profit le plus apparent et le plus apprécié, mais non le plus appréciable.

2° L'*activité commerciale,* intérieure et extérieure, qui est la vraie pierre de touche d'une fructueuse colonisation.

3° Les *progrès de la marine* militaire et marchande, qui sont l'accompagnement nécessaire de tout effort colonial.

4° Les *recettes* que l'on peut attribuer au Trésor national du fait des colonies.

On y pourrait joindre, dans une histoire développée, l'*influence politique internationale* que donne à un État la possession d'un grand empire colonial.

CHAPITRE PREMIER

PREMIÈRE PÉRIODE (des Origines à 1610).

LES EXPLORATIONS. — LES CONCESSIONS PERSONNELLES

I. — Le régime ou l'administration.

Les premiers explorateurs. — Les Français se sont toujours distingués par le goût des aventures. Comme l'a dit un vieil auteur, « ils ont, avant tous autres, mérité la palme de la navigation ».

Il suffira de rappeler les courses maritimes des Gaulois, des Francs et des Normands, les Croisades, les relations commerciales de Marseille dans le Levant, les pêches lointaines d'Oléron, de Cap-Breton, de Bayonne, les établissements fondés, dès 1364, par les Dieppois sur la côte de Guinée, la colonisation des Canaries faite par le Normand Jean de Bethencourt en 1402, les grandes entreprises maritimes de Jacques Cœur, etc.[1]

Les explorateurs du seizième siècle. — Dans le mouvement de découvertes du seizième siècle, les Français prennent rang après les Portugais et les Espagnols.

Les entreprises privées. — Leurs explorations furent

---

1. V. Pigeonneau : *Hist. du commerce*, t. I.

d'abord des *entreprises privées*, dues à l'initiative des *Ango*, riches armateurs de Dieppe.

Ce sont les *Ango* qui ont défrayé les voyages de *Jean Cousin*, qui a peut-être abordé à la terre d'Amérique dès 1486 ; de *Paulmier de Gonneville*, qui a touché le Brésil en 1504 ; de *Denys de Honfleur*, qui a visité Terre-Neuve et le Brésil en 1506 ; de *Gamart de Rouen* et *Aubert de Dieppe*, qui sont entrés dans l'estuaire du Saint-Laurent en 1506-1508 ; de *Jean Parmentier de Rouen* qui, en 1526, après avoir touché le Brésil, alla à la suite des Portugais, dans les mers orientales, vit Madagascar, les Maldives, Sumatra, les Moluques.

Les Ango avaient fait de leur maison de Dieppe un musée de curiosités américaines qui mérita la visite de François Ier en 1532[1].

En même temps, les Cap-Bretonnais et les Malouins pêchaient la baleine sur le banc de Terre-Neuve dès les premières années du siècle.

Les entreprises nationales. — Mais bientôt François Ier et l'amiral Chabot prirent souci de ces explorations et voulurent en faire les frais : ce furent alors des *entreprises nationales*.

Jean Verazzano, en 1523-24, releva la côte américaine depuis la Floride, où s'étaient arrêtés les Espagnols, jusqu'à Terre-Neuve où fréquentaient les pêcheurs français. Il a donné aux havres et promontoires des noms français (Dieppe, Paris, Angoulême, etc.) et à tout le pays le nom de *France nouvelle*, qu'a perpétué la carte de son frère Jacques[2].

Jacques Cartier, de Saint-Malo, fut envoyé en 1535-36

---

1. Maison brûlée par les Anglais en 1694.
2. La carte de Jacques Verazzano, dédiée au roi d'Angleterre, Henri VIII, a servi de modèle pour ces contrées à presque tous les auteurs de cartes ou globes du seizième siècle. (Mercator, Ortelius, Loke, etc.)

dans les mêmes parages, et, après avoir contourné Terre-Neuve, remonta le Saint-Laurent jusqu'à 180 lieues de l'embouchure. Il donna, lui aussi, à cette contrée le nom de *France nouvelle*.

La première concession. — Mais, avec l'intervention royale, ces explorations devaient aboutir à des établissements.

La première concession fut faite au profit du sire de Roberval, gentilhomme picard. Par lettres

Jacques Cartier.

patentes du 15 janvier 1540, il fut créé « vice-roy et lieutenant général en Canada, Hochelaga, Saguenay, Terre-Neuve, Carpon, Labrador, la Grande-Baye et Braccialaos », c'est-à-dire sur tous les pays reconnus par Jacques Cartier. Ce dernier devait accompagner l'expédition qui ne partit qu'en mai et août 1541. Roberval fut autorisé à prendre comme colons des prisonniers dans le ressort des Parlements de Paris, Toulouse, Bordeaux, Rouen, Dijon. Au bout de deux ans, il revint en France sans avoir rien fondé.

Les concessions protestantes. — L'amiral *Coligny* songea à faire des établissements coloniaux qui seraient un refuge aux protestants maltraités en même temps qu'une concurrence fructueuse à la puissance espagnole, alors menaçante. Il se produisit, pendant près de trente ans (1555-70), un courant de colonisation protestante qui eût pu avoir les plus grands résultats, s'il n'eût été interrompu.

En 1555, le sire de *Villegagnon*, chevalier de Malte favorable à la réforme, conduisit une colonie de deux cents protestants dans l'île Coligny, vis-à-vis de Rio-de-Janeiro. En 1562 et 1564, *Ribaud* et *Laudonnière* établirent un millier d'hommes à l'entrée de la « rivière de May » (Caroline du Sud) et y fondèrent Charlesfort et le fort Caroline.

Ces établissements ne réussirent pas. Dégoûté par des querelles religieuses qu'il avait lui-même provoquées, Villegagnon abandonna ses colons aux vengeances des Portugais. Pendant l'absence de Ribaud, l'Espagnol Melandez surprit et détruisit le poste français, malgré les secours des indigènes déjà rendus favorables.

Les guerres de religion et la disgrâce de Coligny, en même temps que le souci de l'alliance espagnole, détournèrent le gouvernement de réparer ces échecs et de tenter de nouvelles entreprises. Un capitaine gascon, de Gourgues, seul et à ses frais, alla venger l'attentat de Melandez. L'expédition mystérieuse du fils de Montluc, arrêtée par une « arquebusade » dans l'île de Madère, ne fut pas reprise.

Concessions par contrat. — Henri IV, après la paix de Vervins et l'Édit de Nantes, revint aux idées de François Ier et de Coligny. Il comprit, malgré l'opposition de Sully, l'utilité à la fois politique et économique d'un domaine colonial. Il eut la prudence de réduire ses visées à cette Nouvelle-France ou Canada, qui avait fait l'objet de la première concession. Mais il eut aussi la sagacité de mieux définir la charge de ses agents, afin de faire œuvre utile de colonisation. Comme on disait

1.

de son temps : « c'était assez ouï parler des terres neuves, le moment est venu de les coloniser ».

Les premières concessions au marquis de la Roche et au capitaine Chauvin ne furent pas suivies d'effet. Celle qui fut accordée en 1603 au sire de Chattes eut pour résultat de faire faire par *Champlain* accompagné de Pontgravé, un relevé exact du Saint-Laurent et de ses affluents, ainsi que des produits du pays, et de provoquer, grâce au récit de Champlain, une grande ardeur de colonisation parmi les marchands.

En 1604, le *chevalier de Montz* reçut, comme Roberval et les autres, le titre de vice-roi et lieutenant-général au Canada ou Nouvelle-France. Mais il forma une *Compagnie* qui fit avec le roi le premier *contrat de colonisation*. D'après ce contrat, de Montz recevait le *privilège* du commerce des pelleteries et des concessions de terres ; en retour, il s'obligeait à transporter gratuitement un certain nombre de colons.

Le chevalier de Montz.

Montz établit les quarante-cinq colons qu'il avait amenés à Port-Royal en Acadie, sous la direction de Pontgravé et avec Champlain il explora la côte jusqu'au cap Cod. Il rentra ensuite en France, d'où il envoya *Poutrincourt* pour ravitailler la colonie et la gouverner. Son privilège, un instant suspendu, fut rétabli pour un

an en 1607; et Champlain, choisi comme lieutenant-général, fonda *Québec* en 1608. Cette ville sera désormais le centre des établissements du Canada.

En 1610, une autre concession fut accordée à La Ravardière et au chevalier François de Razilly qui établirent une centaine d'hommes dans l'île Marajo (estuaire de l'Amazone); ils furent décimés par la maladie.

Missionnaires. — Pour la première fois en 1608, Henri IV voulut imposer à Poutrincourt l'obligation de transporter des *missionnaires*. Les premiers (les jésuites Biard et Massé) partirent en 1611, malgré les résistances du chef de l'expédition et grâce au zèle de madame de Guercheville. On pensait alors et on pensera longtemps après presque autant à convertir qu'à coloniser.

II. — Les résultats territoriaux, commerciaux et autres.

1° LE DOMAINE ET LA POPULATION

Domaine. — Ce premier effort donnait à la France un domaine dans l'Amérique du Nord, s'étendant des Grands-Lacs à la baie de Fundy, sans limites au nord, à l'ouest et au sud-ouest, n'ayant pour bornes, au sud, que l'établissement anglais de Virginie, en voie de formation, et le comptoir hollandais aux bouches de l'Hudson.

Couvert de forêts, d'un climat rude, le pays ne semblait pas devoir attirer beaucoup de colons. Mais ses premiers visiteurs, Champlain et Lescarbot surtout, en vantèrent, en France, les beautés et la fertilité, « les beaux coteaux, les vallons herbus, les forêts, les côtes rocheuses propres à abriter les navires, » les habitants doux et hospitaliers (*Algonquins, Hurons, Miamis*, etc.), les grands fleuves et les vastes lacs qui formaient comme une mer intérieure et permettaient la navigation jusqu'à plus de 500 lieues au cœur du pays (le *Saint-Laurent* et ses affluents, le *Saquenay* et l'*Ottava*, les lacs *Champlain*, *Érié*, *Ontario*, *Michigan*, *Huron*, *Supérieur*). La cause fut bien vite gagnée, et des colons se présentèrent, d'abord pour mener

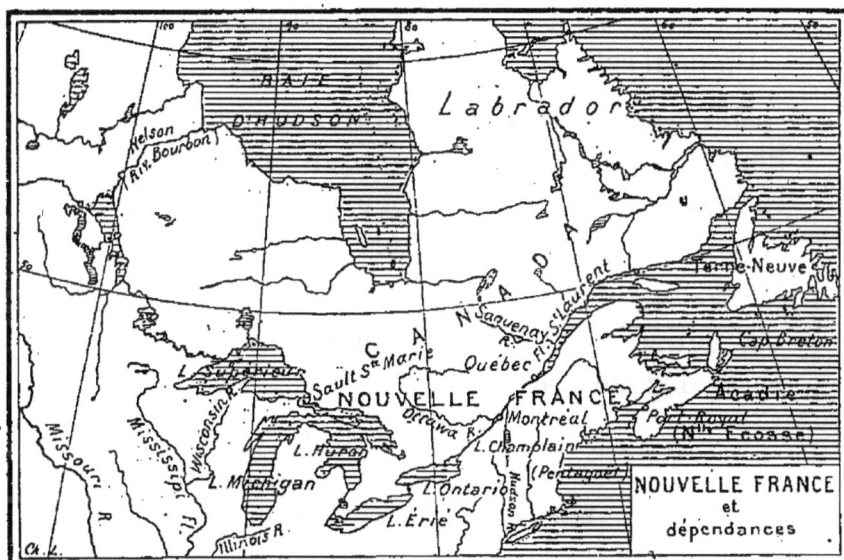

Nouvelle France et dépendances.

la vie de « trappeurs » dans les forêts, à la chasse des *martres* et *castors*, bientôt pour cultiver un sol très propre à la culture des *céréales*.

Population. — En 1610, la population coloniale était d'une centaine de personnes.

2° LE COMMERCE, LA MARINE, LES FINANCES

Commerce. — Le commerce de *peaux de castors* ou *orignaux*, de *bois*, de *poissons*, était déjà assez important pour être revendiqué par les négociants de Rouen contre le privilège de la Compagnie de Montz. Il s'importait annuellement en France de quinze à vingt mille peaux de castors, dont on faisait des fourrures et des chapeaux. La pêche de Terre-Neuve (*morues* ou « *molues* » et *baleines*) était presque entière entre les mains de nos marins normands, bretons et basques. Les produits du Sénégal et de la Gambie (*cire, gomme, musc, cuirs, ivoire*) donnaient lieu à une vente de 300 000 livres.

On peut estimer l'ensemble de ce trafic à 600 000 livres.

Marine. — La marine militaire, malgré les efforts de Henri IV, ne compte encore que 27 navires (15 galères, 12 vaisseaux ronds). — La marine marchande, nombreuse et active, ne s'emploie guère au commerce colonial, qui occupe à peine 80 navires.

Finances. — Le trésor du roi ne tire encore aucun profit des contrats.

RÉSUMÉ DE LA PREMIÈRE PÉRIODE

I. — Le régime ou l'administration.

1. *Découvertes*. — Les premières découvertes françaises furent des *entreprises privées* (les Ango de Dieppe et leur pléiade de navigateurs); les secondes des *entreprises nationales* (François Ier, Verazzano, J. Cartier et Roberval). Elles eurent surtout pour théâtre le *continent américain du Nord*.

2. *Concessions*. — Les premières concessions de domaine colonial furent *personnelles* (Roberval, Villegagnon, les *protestants* Ribaud et Laudonnière, de la Roche, Chauvin, de Chattes). En 1604, elles sont données par *contrat* (de Montz, La Ravardière). Elles ont surtout pour objet le *Canada* ou *Nouvelle-France*, et *Québec* est fondée en 1608. — Le gouvernement impose les *missionnaires* en 1611.

II. — Les résultats territoriaux, commerciaux, etc.

1. *Domaine :* régions s'étendant des Grands-Lacs à la baie de Fundy, sans limites précises.

2. *Population :* 100 colons.

3. *Commerce :* Peaux de castors, bois, poissons, cire, gomme, ivoire : 600 000 livres.

4. *Marine militaire :* 26 navires ; — *marine marchande* 80 navires.

5. *Finances :* néant.

CHAPITRE II

DEUXIÈME PÉRIODE (de 1610 à 1769).

LE PLUS GRAND EMPIRE
LES COMPAGNIES. — LE PACTE COLONIAL

I. — **Le régime ou l'administration.**

De Henri IV à Richelieu. — La colonie du Canada, après Henri IV et jusqu'en 1632 fut gérée par *Champlain*, qui se dévoua à sa fortune. Il conserva le titre de lieutenant-général au nom d'une Compagnie, qu'il forma en 1611 et 1614, et dont la direction, avec le titre de vice-roi, fut confiée à de très grands seigneurs, le comte de Soissons, le prince de Condé, le maréchal de Montmorency, le duc de Ventadour.

Champlain.

La *Compagnie de la Nouvelle-France* de 1614, composée de marchands de Saint-Malo, Rouen, La Rochelle, fut remplacée en 1621 par la *Compagnie du Canada* que constituèrent les frères *Guillaume et Emeric de Caen*. Ces Compagnies, comme celle du sieur de Montz, avaient le *privilège* de la traite des pelleteries et autres produits de la colonie. Le contrat de 1604 servait toujours de modèle.

En 1615, des négociants de Rouen, Saint-Malo, Nantes, La Rochelle, inspirés par les voyages dans la mer des Indes de Pyrard de Laval, et par l'exemple des Compagnies des Indes anglaise et hollandaise, formèrent avec les sociétaires de la Compagnie Gérard de Roy et Ant. Godefroy, créée dès 1604 mais restée inactive, une Société libre dite *Compagnie des Indes orientales ou des Moluques*, à laquelle le roi donna aussi le *privilège* du commerce de l'Orient.

Richelieu. — Richelieu, le premier, eut la conception nette des profits politiques et économiques qu'un État peut tirer des possessions coloniales. Il conçut et inaugura une *méthode de colonisation*. Ses idées sont d'ailleurs celles de son temps; on les retrouve notamment dans le *Traité d'Économie politique* de Montchrétien et dans un *Mémoire* d'Isaac de Razilly.

En convoitant un domaine d'outre-mer, Richelieu, vise les résultats suivants : 1° Affaiblir la puissance espagnole qui tire de ses colonies la plus grande partie de ses moyens; 2° accroître les forces maritimes de la France, qui jusqu'alors ont été à peu près nulles; 3° activer le commerce national; 4° étendre l'influence du roi par l'extension de son domaine et la dispersion de ses sujets; 5° propager la religion catholique.

Avec ces visées, l'action coloniale devient *affaire d'État*. Elle prend la forme d'une concurrence dirigée contre les nations européennes déjà colonisatrices, et affecte un caractère international.

Persuadé, comme il le dit aux Notables en 1626, que des entreprises aussi importantes par l'emploi des capitaux et les dangers à courir ne conviennent pas à des commerçants isolés « qui n'ont pas les reins assez forts », enhardi d'ailleurs par l'exemple des Hollandais dont la Compagnie prospère, Richelieu inaugure le système de *la colonisation d'État par l'intermédiaire des Compagnies privilégiées.*

Les Compagnies. — Rachetant aux frères de Caen leur privilège et au duc de Ventadour sa charge de viceroi, il fonda d'abord la *Compagnie de la Nacelle de Saint-Pierre fleurdelysée* et la *Compagnie du Morbihan*, qui ne réussirent pas ; puis en 1627, la *Compagnie de la Nouvelle-France* ou *des Cent-Associés*, au capital de 300 000 livres, dont il dressa lui-même les statuts.

Ces statuts ont servi de modèle à toutes les Compagnies postérieures. En voici l'analyse :

1° Les contrées à occuper et à peupler sont concédées « en toute propriété, seigneurie et justice, avec le droit de rétrocession des terres à cens ou rentes, sauf confirmation royale pour les duchés, marquisats et baronnies » (art. IV et V). C'est, d'un mot, la *propriété féodale*.

2° La Compagnie a le *monopole* de tout le commerce qui se peut faire dans la colonie ou bien entre la colonie et la métropole. Elle a de plus des *privilèges*, tels que l'exemption en tout ou partie des droits sur les denrées importées ou exportées (art. V, VIII, XIV, XV).

3° Elle nomme ses agents subalternes, mais elle fait agréer par le roi ses agents supérieurs, tels que gouverneurs, commandants, capitaines, etc. (art. XI, *Acte de société*, art. VI).

4° En retour, la Compagnie s'engage :

A transporter gratuitement 4 000 *colons* en quinze ans (art. Ier.)

A entretenir des *missionnaires* et à proscrire toute religion autre que la catholique (art. III).

A suivre la loi et *coutume de Paris* et à reconnaître comme naturels français les indigènes convertis (art. XVII).

Sur ce modèle, Richelieu constitue encore les Compagnies suivantes :

Octobre 1626, la *Compagnie de Saint-Christophe*, sous la direction de Belain d'Esnambuc et Du Rossey, qui étaient déjà établis dans l'île ; février 1635, la *Compagnie des Iles d'Amérique*, englobant la précédente et dirigée par Berryer ; 1638, la *Compagnie du Cap Nord* (Guyane) ; 1642, la *Compagnie des Indes orientales* ou *de Madagascar*, ayant le duc de la Meilleraye parmi ses directeurs et le protestant Pronis comme agent.

La Régence. — Le procédé de Richelieu lui survécut. Anne d'Autriche et Mazarin, conseillés par Fouquet, favorisèrent la création de nouvelles Compagnies, tout en conservant les anciennes et leurs statuts :

En 1653, la *Compagnie de la France équinoxiale* (Guyane), dont un docteur en Sorbonne, de Lisle-Marivault, et un gentilhomme, le sire de Bragelongue, avaient pris l'initiative ; — en 1648, la *Compagnie de Madagascar*, dont les intérêts furent confiés à de Flacourt ; — en 1660, la *Compagnie de la Chine*, fondée par Fermanel, négociant de Rouen.

Colbert et Louis XIV. — **Méthode de Colbert.** — Colbert fut d'abord l'imitateur fidèle de Richelieu dans l'action coloniale. Mais il n'en garde pas moins une grande originalité. A la conception coloniale de Richelieu, qui était surtout politique et s'arrêtait aux colonies de peuplement, il ajoute cette autre, tout économique : *Les colonies sont créées pour enrichir la métropole*. Les conséquences de ce principe étaient grandes ; on peut les formuler ainsi :

1° Les colonies sont liées à la métropole par un pacte qui implique l'exclusion absolue des étrangers, de leur commerce d'importation et d'exportation : c'est le système de l'*exclusif*[1] ;

2° Elles doivent être regardées comme provinces du royaume, qu'elles soient ou non la propriété d'une Compagnie : c'est l'*assimilation administrative* ;

3° Elles doivent être, suivant les climats et les produits, des *colonies de peuplement* ou des *comptoirs commerciaux*.

Ces vues nouvelles, Colbert les appliqua sans changer d'abord le système des Compagnies, et par les seules *Instructions*, d'ailleurs volumineuses, qu'il donna soit aux directeurs, soit aux agents.

Plus tard, l'insuccès, après dix ans d'exercice de la Compagnie qui avait reçu le domaine d'Amérique, l'amena à se passer de son intermédiaire, devenu simplement gênant (1674). Il déclara domaine royal le Canada et les Antilles : c'était le régime du *rattachement direct*.

Dès lors, dans ces colonies, qui étaient des pays d'émigration ou colonies de plantation, le roi fit la loi et administra comme dans une province du royaume. C'était le procédé de la *centralisation*[2]. « Si l'on veut, a dit Tocqueville, juger les effets de la centralisation d'alors, c'est dans les colonies d'Amérique qu'il faut les étudier. »

---

1. Un édit du 27 août 1698 prononce l'amende, la confiscation et même l'emprisonnement contre les armateurs ou colons introduisant des marchandises étrangères dans les îles.

2. Système du gouvernement qui remet toutes les décisions concernant les personnes, les propriétés, les travaux publics, la police, la paix et la guerre, etc., aux chefs du pouvoir *central* et ne laisse aucune initiative aux pouvoirs *locaux*.

Personnel colonial. — Le personnel administratif, pour lequel la Compagnie avait au moins le droit de présentation, fut directement nommé et révoqué par le roi. Le ministre gouverne de Versailles les colonies. Les fonctionnaires sont les mêmes qu'en France : *gouverneur* ou *lieutenant-général, intendant, conseillers aux cours souveraines* de Québec et Saint-Pierre, *juges* royaux de sénéchaussées ou amirautés. Comme en France, les *agents financiers* dépendent du fermier des impôts ou du domaine d'Occident ; le *vicaire apostolique* ou évêque de Québec est nommé par le roi après 1673 et nomme les curés ou desservants. Dans les îles, il est vrai, les congrégations restèrent indépendantes et nommèrent les vicaires apostoliques et les curés dans leur ordre.

Législation. — Au point de vue législatif, même caractère. Les colons n'ont ni assemblées paroissiales, ni représentation d'aucune sorte ; les *Conseils souverains* de Québec et de Saint-Pierre, dont les membres sont nommés par le roi, n'ont que des attributions judiciaires, dont l'appel se fait au Parlement de Paris, et qu'un rôle consultatif dont le gouverneur dispose sans appel ; la *Coutume de Paris* est la seule loi ; les redevances, la police, l'état des personnes sont réglés par arrêts du Conseil du roi. Seul, le *Code noir* constitue, après 1685, une législation spéciale aux colonies à esclaves ; il règle les droits et devoirs des esclaves, les pénalités encourues par eux ou par leurs maîtres, leur alimentation, leur costume, leur travail, etc.

Partout ailleurs qu'en Amérique, l'intérêt commercial primant tout autre, Colbert garda le système des *Compagnies à privilèges et monopole*. Les contrats qu'il rédiga sont calqués sur celui de 1627.

Les Grandes Compagnies. — Voici la liste, très longue, des Compagnies fondées de 1661 à 1715 :

Mai 1664. — *Compagnies des Indes occidentales*, dont le domaine comprit toutes les possessions du continent américain et des Antilles, ancien domaine de la Compagnie des Cent et de la Compagnie de la France équinoxiale, morcelé en vertu des articles IV et V du contrat de 1627 et devenu la propriété de quelques particuliers, de qui Colbert les racheta pour la somme de 1 287 185 livres [1].

Août 1664 — *Compagnie des Indes orientales*, héritière des Compagnies de 1615, 1642, 1648 et 1660, chargée de coloniser Madagascar et autres terres libres en Orient, mais surtout de faire le commerce avec l'Inde et la Chine.

Ces deux Compagnies, la première au capital de 7 000 000, la seconde au capital de 15 000 000, furent fondées par *souscription nationale* (actions de 3 000 livres). C'est ce qui les distingue des Compagnies antérieures, qui n'avaient été que des associations provinciales ou même locales. Elles méritent, pour cela, le nom qu'on leur donna de *Grandes Compagnies*.

Les autres furent fondées par souscription restreinte, c'est-à-dire entre négociants. Elles le furent d'après le même principe, c'est-à-dire avec un *privilège exclusif* d'une durée variable. Le privilège des deux premières était de quarante ans : celui des autres varia de quinze à trente ans. Ce furent :

1669, *Compagnie du Nord*, pour les bois et goudrons de Norwège.

1670, *Compagnie du Levant*, pour les cotons et soieries d'Asie Mineure.

1673, *Compagnie du Sénégal*, pour la traite des noirs.

---

1. La Martinique aux héritiers de Dyel Duparquet pour 220 000 l. — La Guadeloupe à Houel et de Boisseret pour 125 000 l. — Le Sénégal à la Compagnie normande pour 150 000 l. — Saint-Christophe, Sainte-Croix, Saint-Barthélemy et les prétentions sur Saint-Domingue à l'Ordre de Malte pour 500 000 l., etc.

1679, *deuxième Compagnie du Sénégal.*

1683, *Compagnie de l'Acadie,* pour les castors.

1685, *Compagnie de Guinée,* pour la traite des noirs.

1696, *troisième Compagnie du Sénégal* et du cap Vert.

1697, *deuxième Compagnie de la Chine.*

1698, *Compagnie de Saint-Domingue,* pour la traite des noirs.

1701, *Compagnie de l'Asiento,* pour le commerce des Indes espagnoles.

1706, *Compagnie* pour la vente des castors.

1712, *troisième Compagnie de la Chine* et *Compagnie de la Louisiane.*

1715, *quatrième Compagnie de la Chine.*

Le système colonial légué par Louis XIV se réduisait donc à ces deux termes :

1° Les colonies d'Amérique font partie du *domaine royal* et sont administrées directement, d'après les principes du *pacte colonial ;*

2° Les autres forment le *domaine de la Compagnie des Indes orientales,* dont le *privilège exclusif* a été morcelé au profit de Compagnies particulières.

La Régence et Law. — L'originalité de Law est d'avoir élargi le second terme. Reprenant l'idée d'une souscription nationale, il songea à intéresser les actionnaires de sa banque à la colonisation de la Louisiane. *La Compagnie du Mississipi,* ayant reçu la ferme du tabac et le privilège de la Compagnie du Sénégal, devint le « pivot du système ».

Mais ce n'était pas encore assez. Poussant jusqu'au bout l'idée de Colbert, le hardi spéculateur voulut concentrer dans les mains d'une Compagnie unique tous les profits commerciaux répartis entre plusieurs. En 1719, fut fondée la *Grande Compagnie des Indes* qui réunit les

Compagnies de la Louisiane, de la Chine, du Sénégal, et qui, de plus, reçut en 1719 et 1720 le monopole de la traite du castor et du commerce de Guinée[1]. Ce fut le triomphe du système de la *colonisation par Compagnies privilégiées*. — Les actions se multiplièrent à l'infini ; tout le monde colonisa, « en jouant à la Bourse ».

Louis XV et Choiseul. — La Compagnie des Indes. — Le gouvernement de Louis XV, malgré la débâcle du « système », n'abandonna pas l'idée. Après deux ans de régie royale, la *Grande Compagnie des Indes* fut reconstituée en mars 1723, avec les mêmes privilèges et monopole, auxquels on ajouta même, jusqu'en 1728, celui de la vente du café. L'édit du 8 juin 1725 lui servit de charte : il n'était qu'une copie de l'acte de 1664. Constitution et avantages étaient les mêmes : un *Conseil de direction*, élu par les gros actionnaires et présidé par un conseiller d'État ; une *assemblée générale annuelle* de tous les actionnaires ; des *gratifications* en argent, des *primes* sur les entrées et sorties ; des *exemptions* de tous droits pour les marchandises entreposées et pour celles destinées à la consommation en France, qu'avait énumérées l'édit de 1664 ; un *tarif réduit* (3 % de la vente) sur les autres ; le *droit de perquisition* chez les particuliers et le *droit de saisie* sur les contrebandiers, etc. — Les seules innovations furent quelques surélévations de tarif sur les toiles de coton blanches, les soies, le café, et l'extension du droit *d'entrepôt* à quelques villes.

La Compagnie eut un moment de grande prospérité. Ses actions furent recherchées avec autant d'ardeur qu'à l'époque de Law. Mais en 1769, on constate qu'elle a perdu depuis 1725 un capital de 169 millions, que ses

---

1. V. page 111, la formation de la Compagnie, d'après le tableau de Du Fresne de Francheville.

bénéfices sur le commerce de l'Inde, depuis 1755, sont tombés de 50 à 5 millions, et sur le commerce de Chine, de 22 à 2 millions. Alors, le gouvernement rompit avec une tradition vieille d'un siècle et demi. Le privilège de la Compagnie des Indes fut suspendu par arrêt du 7 août 1769 et aboli pour quinze ans, moyennant indemnité[1], par arrêt du 7 août 1770.

C'était la fin du régime des Compagnies.

Colonies de gouvernement direct. — Quant au premier terme du système colonial de Colbert, c'est-à-dire aux colonies de *gouvernement direct*, il fut maintenu intégralement. La Louisiane rentra même dans le domaine royal en 1731.

L'administration reçut cependant quelques améliorations. Les gouverneurs, par économie, furent remplacés par des commandants ; les milices coloniales furent réorganisées et on assura la défense des colonies, négligée par Colbert, soit par la création d'une armée coloniale en 1763, soit par des fortifications ; les préfets apostoliques, jusqu'alors indépendants dans les Antilles, furent assimilés aux évêques, c'est-à-dire nommés par le roi et rattachés à la feuille des bénéfices[2].

Le pacte colonial subsista. Toutefois un *tribunal terrien* fut créé à Saint-Domingue, en 1766, pour juger en premier ressort les affaires touchant le droit de propriété et les colons des îles purent députer un représentant au Conseil des colonies institué vers 1759 ; des arrêts de 1721-23-66 autorisèrent les cours souveraines à établir des *droits d'octroi;* l'arrêt du 27 juillet 1767 créa deux *entrepôts francs* pour les marchandises étrangères au môle Saint-Nicolas (Saint-Domingue) et au Carénage

---

1. 200 000 l. de rentes viagères.
2. Direction du personnel du culte, confiée toujours à un évêque.

(Sainte-Lucie). L'ensemble de ces mesures libérales forme ce qu'on peut appeler le *système de Choiseul*.

II. — Les résultats territoriaux, commerciaux et autres.

1° LE DOMAINE ET LA POPULATION

Pour la France, qui est une puissance continentale toujours très engagée dans les affaires européennes, le domaine colonial, acquis dans un intérêt politique plutôt qu'économique, sert ordinairement de rançon aux fautes politiques commises sur le continent. C'est ce qui est arrivé pour la période de plus grande extension. On y distingue deux phases : 1° la *phase du progrès*, qui va jusqu'en 1713, et qu'on peut subdiviser en deux périodes : celle de Richelieu et celle de Colbert ; 2° la *phase du déclin*, de 1713 à 1764.

Première phase — *première période* (jusqu'en 1661).

Domaine. — La conquête du domaine fut faite principalement à l'époque de Richelieu.

Au Canada et en Acadie, Champlain jusqu'en 1633, les frères Isaac et François de Razilly, le sire de Maisonneuve augmentent progressivement le territoire et la population : les *deux rives du Saint-Laurent*, jusqu'aux Grands-Lacs et jusqu'au lac Champlain, l'Acadie, et la côte de *Pentagoët* sont occupées effectivement ; *Montréal* est fondé en 1642.

En Guyane, « *l'île de Cayenne* » devient un établissement réel en 1656.

Aux Antilles surtout, les progrès sont rapides. A l'île

Saint-Christophe, partagée avec les Anglais, sont ajoutées *la Guadeloupe* (1635) par d'Olive et du Plessis ; *Marie-Galante*, par Haussier dit de la Fontaine et Antoine Cano; les *Saintes*, par le sieur du Mé, représentant de Houel. Du Parquet, conquérant de la *Martinique* en 1637, acquiert *Grenade, les Grenadines* et Sainte-Alouzie, ou *Sainte-Lucie ;* de Poincy, qui commanda aux Antilles pendant 21 ans (1639-60), s'établit à *Saint-Barthélemy*, dans une moitié de *Saint-Martin,* dans *Sainte-Croix* où il représenta, comme à Saint-Christophe, les chevaliers de Malte ; enfin le protestant Le Vasseur s'empara de l'île de

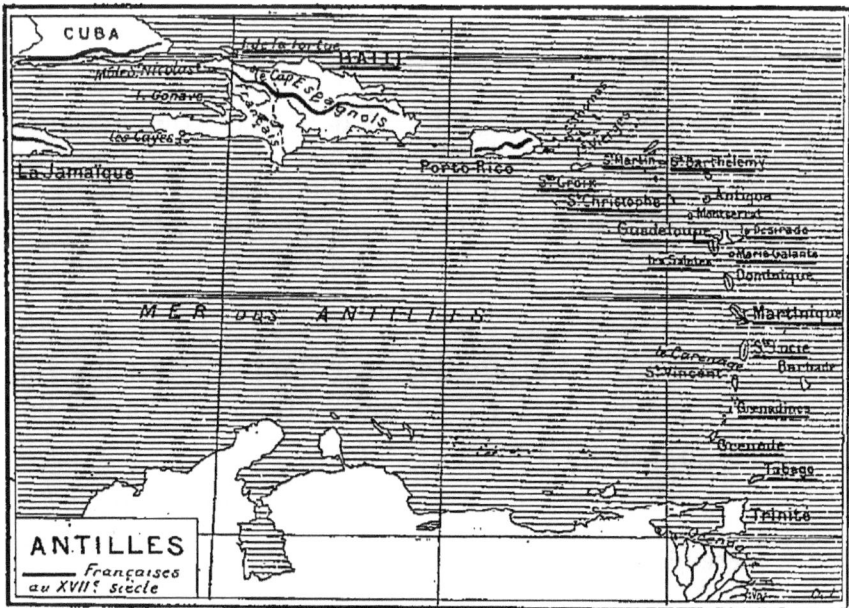

Antilles françaises au XVIIᵉ siècle.

la Tortue, d'où les flibustiers partiront à la conquête de la partie occidentale de *Saint-Domingue*.

De Flacourt, à Madagascar, occupe la pointe sud-est et fortifie *Fort-Dauphin*.

On peut estimer à 650,000 kil. c. la superficie de ces possessions.

Les terres nouvelles avaient un tout autre charme que les anciennes. Ces merveilleuses petites îles des *Antilles*, au climat tropical, tempéré par la brise de mer, à la végétation luxuriante, aux productions savoureuses, aux sites variés et pittoresques, où les volcans sont éteints et les ouragans seulement restent redoutables, parurent un paradis terrestre aux hommes venus de France ; l'acclimatation s'y faisait sans peine ; les indigènes, ou *Caraïbes*, peu nombreux, laissèrent promptement la place libre aux colons qui les détruisirent ou les absorbèrent. La seule difficulté qu'il fallut vaincre fut la main-d'œuvre, difficile, sinon impossible à des hommes du Nord, sous le soleil des tropiques. Aussi dès 1642, Louis XIII autorisa-t-il la traite des nègres et l'*esclavage* qui semblaient une nécessité pour la mise en rapport de ces nouvelles colonies. Colons blancs et noirs se multiplièrent rapidement.

Il n'en fut pas de même à *Madagascar* (v. carte, p. 98), aussi riche, mais plus malsaine, surtout dans la partie sud-est qui fut choisie pour le premier établissement, plus éloignée aussi et plus difficile à secourir ou à ravitailler, peuplée de tribus guerrières (les *Hovas*), qu'une politique maladroite et un zèle religieux inconsidéré rendirent bientôt hostiles.

Population. — La population coloniale était en 1661 de 3,215 au Canada, de 10,000 aux Antilles, de 200 environ à Fort-Dauphin, soit en tout 13 415.

Première phase — *deuxième période* (jusqu'en 1713).

Domaine. — A ces acquisitions, la période de Colbert et de Louis XIV ajoute d'immenses étendues, dont la possession, il est vrai, n'était guère que nominale. Elle inaugure aussi les premières pertes.

Dans l'Amérique du Nord, l'intendant Talon, avec l'aide de Nicolas Perrot et du sieur de Saint-Lusson, obtient par la soumission des Miamis et autres tribus, *tous les pays du Nord* jusqu'à la baie d'Hudson et à la rivière Bourbon ou fleuve Nelson (v. carte, p. 12). Il fait faire (1672) par le P. Marquette et par Joliet la première exploration du haut Mississipi jusqu'au confluent de l'Arkansas (33° latitude Nord). L'illustre Cavelier de la Salle, en 1678, d'abord soutenu par le gouverneur de Frontenac, puis desservi par le gouverneur de la Barre, l'homme-lige des Jésuites, descend l'*Ohio* et le *Mississipi moyen;* puis en 1687, il se présente avec une flotille à l'embouchure du fleuve avec l'intention de le remonter jusqu'aux Lacs. Il périt assassiné par ses compagnons; mais il avait déclaré française toute la contrée entre le Mississipi et le Saint-Laurent et l'avait

Cavelier de la Salle.

nommée *Louisiane*. Après lui, d'Iberville et Bienville, de la Salle le jeune, de la Mothe-Cadillac, Boisbriant, etc., furent chargés, à titre de gouverneurs, de rendre effective cette possession, qui le devint en effet jusqu'à l'Illinois.

Aux îles, d'Ogeron prit aux Espagnols la partie occidentale de *Saint-Domingue* en 1665 et d'Estrées en 1678 enlève *Tabago* aux Hollandais.

Dans l'Amérique du Sud, la possession de *Guyane* est étendue jusqu'à l'Amazone.

En Afrique, des comptoirs sont établis à *Saint-Louis* du Sénégal, à l'*île Gorée* et *Rufisque*, sur toute la côte du banc d'*Arguin à Sierra-Leone*, ainsi que sur la côte de

Guinée, par la Compagnie des Indes occidentales et surtout par les Compagnies du Sénégal sous l'active direction d'André Brue (1697-1702, 1714-25).

En Orient, *Madagascar* est déclarée dans son entier terre royale (1671) et nommée Ile Dauphine; ses annexes, *Sainte-Marie* et l'*île Bourbon* (la Réunion) sont occupées par des réfugiés de Fort-Dauphin. Des comptoirs sont établis à *Surate*, *Pondichéry*, *Mazulipatam*, dans l'île de *Ceylan*, dans le *Bengale* (Ougly, Chandernagor, Bellezor, Kasumbazar, Cabripatam), par d'actifs agents tels que Caron, Baron et surtout François Martin.

On peut estimer à 8 *millions de kilomètres carrés* la superficie de cet empire colonial, nominal ou effectif.

Les contrées ajoutées aux anciennes possessions étaient d'une réelle valeur. Les *territoires de la baie d'Hudson* n'étaient pas, il est vrai, habitables pour des Européens, puisque le froid y atteint — 40°; mais ils offraient dans leurs forêts et dans leurs havres un gibier précieux par ses fourrures ou ses huiles, dans leur sol des mines de fer qui furent reconnues abondantes.

La *vallée orientale du Mississipi*, au contraire, largement arrosée par le *Wisconsin*, l'*Illinois*, l'*Ohio* et ses affluents, jouissant d'un climat presque en tout semblable à celui de la France du Nord et du Midi, habitée par des peuplades douces (*Outaouaks*, *Sioux*, *Illinois*, *Apaches*, — sauf les *Iroquois* qui, sous l'influence anglaise, furent les constants ennemis des Français), offrant comme en France de vertes prairies propres à l'élevage du bétail et plus qu'en France des richesses minérales qui n'ont été que tardivement exploitées, représentait l'idéal d'un pays d'immigration ou d'une colonie de peuplement.

L'*île de Saint-Domingue*, « cette perle des Antilles » (v. carte, p. 26), résumait en elle tous les charmes et toutes les espérances qui avaient si promptement rendu populaires les petites Antilles. Bien que partagée avec les Espagnols, elle devint promptement le joyau de l'empire colonial français; elle devait, au siècle suivant, faire à elle seule plus de la moitié du trafic avec la métropole et attirer une population blanche ou noire supérieure à celle de toutes les autres possessions. Accidentée

2.

arrosée par de nombreuses rivières, fertile en tous ses quartiers (*Saint-Marc, Leogane, les Cayes*, etc.), elle offrait un vaste champ d'exploitation aussi bien aux marchands et artisans qu'aux planteurs de canne à sucre ou de coton.

L'*île de Tabago*, aride, montagneuse, peu fertile, était une acquisition d'amour-propre plutôt que d'utilité.

La *Guyane*, fertile mais insalubre et occupée seulement sur les côtes à la fois brûlantes et humides, fut longtemps en non-

Louisiane.

valeur malgré des efforts répétés. Les côtes du *Sénégal* (v. carte, p. 87), malsaines comme celles de Guyane, éloignèrent les colons et n'attirèrent que les marchands d'esclaves qui y faisaient un échange profitable de noirs contre des verroteries.

L'*île Bourbon* ou la *Réunion*, avec ses riches vallées disposées symétriquement autour du môle central, parut par son climat et ses productions une Antille du Sud et attira les immigrants au détriment de l'île Dauphine ou *Madagascar*, dont quelques havres seulement, et non les meilleurs, furent occupés.

Enfin l'*Inde* (v. carte, p. 108), cette mère nourricière, ce pays des merveilles, cette terre classique des *épices*, des riches *tissus de soie* et de *coton*, des *pierres précieuses*, ce demi-continent à la population si dense et à l'industrie si recherchée, aux monarchies luxueuses et capricieuses, se trouvait pénétrée sur les trois points principaux : la côte de Malabar, riche en coton, épices et soie par *Surate;* les côtes de Coromandel et Ceylan, riches en épices et pierres précieuses, par *Colombo*, *Pondichéry* et *Mazulipatam;* le Bengale fertile en céréales et abondant en produits industriels, par *Chandernagor* et ses annexes.

Population. — La population était de 11,249 au Canada, de 23,000 blancs et 44,000 nègres ou engagés[1] dans les îles, soit en tout 78 ou 79,000.

Les premières pertes. — Mais les rivalités et les convoitises s'étaient déjà manifestées. Les Anglais, dont l'émigration libre en Amérique est si intense au XVIIe siècle et dont l'activité commerciale s'éveille, nous disputent certaines contrées sur lesquelles ils prétendent avoir droit de priorité. Port-Royal et Québec, enlevées par surprise en 1629, ne nous sont rendues qu'en 1632 au traité de Saint-Germain-en-Laye. L'Acadie, cédée par Charles de Latour à Temple et Crown en 1654, reste anglaise jusqu'au traité de Bréda (1667). Perdue, puis recouvrée, sans cesse attaquée, elle est reconnue à la France par le traité de Ryswick (1697), mais ressaisie en 1710 par l'Anglo-Américain Nicholson. La convention de Londres de 1711, qui prépara la paix d'Utrecht en désarmant l'Angleterre, stipula la cession de l'*Acadie*, de *Terre-*

---

1. On appelait *engagés* des ouvriers français qui s'engageaient au service d'un colon pour une durée déterminée (3 ans au moins); ils étaient pendant le temps de leur engagement la propriété du maître au même titre et souvent en la même forme que les esclaves noirs.

Neuve, des *contrées de la baie d'Hudson* et de l'*île Saint-Christophe*, que la France perdit définitivement.

De même, les Portugais avaient saisi l'occasion de la guerre de la Succession d'Espagne, pour nous contester les territoires de Guyane et s'avancer jusqu'à l'Oyapok. Les traités d'Utrecht leur en reconnaissent la possession jusqu'à la *rivière Vincent-Pinçon*, dont l'emplacement ne fut pas alors et n'est même pas encore aujourd'hui déterminé.

Les Hollandais ne furent pas aussi heureux dans leurs tentatives contre Pondichéry, qu'ils prirent en 1694, mais rendirent à la paix de Ryswich.

La perte totale, consentie à Utrecht, peut être évaluée à 4 millions de kilomètres carrés en superficie et à 3,000 hommes de population coloniale. Les terres cédées étaient peu habitables et peu habitées. Mais elles avaient une grande valeur marchande à cause des pelleteries et des pêcheries, bien que la pêche de Terre-Neuve ait été en partie sauvegardée. Elles avaient surtout une valeur stratégique : les Anglais, par leurs nouvelles possessions, tiennent en état de blocus le Canada, qui semble dès lors destiné à être absorbé.

Deuxième phase (1713-1764).

Les acquisitions. — Le progrès de la colonisation au dix-huitième siècle est marqué surtout par le développement territorial de la Louisiane, qui s'étend dans le moyen Mississipi, le bas Missouri, l'Illinois et l'Ohio, et par le progrès naturel de la population dans les colonies anciennes.

La *population* en Louisiane fut portée de 400 (dont 20 nègres) en 1712, à 5,000 (dont 2,000 nègres) en 1731 et à 10,000 en 1763. Au Canada, elle s'éleva de 13,000 environ en 1700, à 54,000 en 1759. Aux îles, au lieu de 23,000 blancs et 44,000 nègres en 1701, on compte en 1754, 74,000 blancs et 34,000 nègres.

Aux Indes, La Bourdonnais occupa l'*Ile-de-France* en 1721 et voulut en faire un centre stratégique et commercial à la fois. Il occupa aussi *Mahé* sur le territoire indien.

Montcalm.

Dumas, inaugurant la politique d'intervention dans les affaires indigènes, acquit *Karikal*. Dupleix enfin, étendant cette politique, se fit donner, la nababie du *Carnatic*, c'est-à-dire le territoire en lisière sur la côte du Coromandel, de la Kistnah au cap Comorin, dont la superficie n'était pas moindre de 250,000 kilomètres carrés, et la population de 35 millions.

Les pertes. — Mais la rivalité anglaise, servie par les complications continentales, détruisit cet empire en plein épanouissement.

Si *Louisbourg* (Cap-Breton) et *Pondichéry*, prises en 1745 et 1747 sont rendues à la paix d'Aix-la-Chapelle (1748), en échange de Madras, en revanche Québec et Montréal, avec *tout le Canada*, tombèrent en 1759, malgré l'héroïque défense de Vaudreuil et Montcalm, aux mains des Anglo-Américains conduits par Wolfe. — Le *domaine indien* fut volontairement abandonné par la Compagnie au ridicule traité de Madras, signé par Godeheu (1754) et lord Clive enleva à Lally-Tollendal tous nos comptoirs, y compris Pondichéry 1761. — La Guadeloupe, La Martinique, Grenade, Sainte-Lucie, Tabago, le Sénégal étaient saisis et ruinés entre 1759 et 1763.

Le traité de Paris 1763 spécifia nos pertes : le *Canada*, *Cap-Breton*, *Grenade et Grenadines*, *Tabago*, le *Sénégal*, le *domaine indien* et le protectorat sur certaines parties de l'Inde. — L'année suivante, la *Louisiane* fut donnée à l'Espagne, en compensation de la Floride, prise par les Anglais, et en vertu du pacte de famille.

C'était l'abandon d'au moins 4 *millions de kilomètres carrés et* 34 *millions d'habitants*, y compris l'Inde. — Il ne nous restait que la Martinique, la Guadeloupe, Sainte-Lucie, la partie occidentale de Saint-Dominique, Gorée, l'Ile-de-France et l'île Bourbon, cinq villes sans territoire dans l'Inde, soit un *domaine* d'environ 36,000 kilomètres carrés et une *population* de 412,000 habitants.

C'était la fin du premier grand empire colonial français !

2° LE COMMERCE, LA MARINE, LES FINANCES.

Première phase — *première période* (jusqu'en 1661).

Commerce. — Le profit commercial des colonies fut d'abord peu appréciable. Les Compagnies, incapables de faire des bénéfices, cédèrent leur domaine pièce à pièce, en retenant un droit sur les produits. Les particuliers firent de grands efforts, mais décousus et peu productifs.

Le *Canada* et l'*Acadie* offraient des blés, des bois, des pêcheries (à Tadoussac, Port-Royal, Pentagoët), quelques minerais de cuivre, et surtout des peaux de castor, martre et zibeline. La traite s'en faisait par troc ou échange avec les indigènes, à Québec, à Montréal, au Sault-Sainte-Marie, à Tadoussac, à Port-Royal. La morue était pêchée par les navires de Dieppe, Saint-Malo, Lorient, Nantes, Bayonne, sur le banc de Terre-Neuve.

Aucune statistique ne fixe le chiffre de ce trafic. Il ne peut être évalué à plus de 500,000 livres.

Les *Antilles*, plus fertiles, plus promptement peuplées, plus activement cultivées depuis l'introduction des noirs (1642) donnaient des produits nouveaux, auquel le public de France devait d'abord s'habituer : la canne à sucre, le café (introduit de la Guyane hollandaise à la Guadeloupe en 1660), le cacao, l'indigo, le rocou. Mais elles produisaient aussi des bois d'ébénisterie (acajou), des fruits (oranges, citrons) et surtout des épices, qui furent primitivement le plus grand objet d'exportation.

La population coloniale ne trouvant pas sur place les vivres et vêtements dont elle avait besoin (farine, poissons secs, tissus), son approvisionnement donnait lieu à un commerce d'importation relativement important. Mais, à défaut de la Compagnie, qui cessa son exploitation dès

1648 et à défaut du commerce national arrêté par le monopole de la Compagnie, ce furent les Hollandais qui firent tout le trafic entre la France et ses colonies des Antilles, malgré le droit de 50 sous par tonneau que Fouquet imposa sur leurs navires.

Colbert estime à 4 millions la valeur du trafic ainsi enlevé au commerce français.

A *Madagascar* et sur la côte d'Afrique, un commerce médiocre de bois, viandes salées et surtout d'esclaves, était fait par sept ou huit navires entretenus par Fouquet et de la Meilleraye.

Le commerce colonial se chiffre donc, durant cette période, par une somme totale de 4 *ou* 4 1/2 *millions*.

Marine. — La marine militaire, créée pour protéger le commerce maritime, atteignit sous Richelieu un effectif de 100 navires, dont 60 vaisseaux ronds sur l'Océan et 40 galères sur la Méditerranée. Après Mazarin, elle ne compte plus que 28 vaisseaux. La marine marchande occupe aux colonies ou au commerce d'Orient une centaine de navires.

Finances. — Les finances du roi ne gagnèrent à peu près rien au nouveau domaine, tout d'abord, à cause des exemptions de droits accordées aux entrées et sorties. Toutefois, le commerce colonial éleva en partie le revenu des aides et des cinq grosses fermes, qui représentaient ce qu'on appelle aujourd'hui les contributions indirectes et les douanes. Les aides montent de 603 940 livres en 1608, à 4 520 000 en 1661, et les fermes de 519 715 livres à 4 430 000 livres.

Première phase — *deuxième période* (jusqu'en 1715).

Commerce. — Colbert donna une vive impulsion à ce commerce languissant.

Au *Canada*, il fit activer la traite des pelleteries, fit rechercher les mines de cuivre et de fer au Sault-Sainte-Marie, sur le Nelson, sur les rives du lac Michigan, dans la vallée de l'Illinois. Il fit exploiter les forêts, fabriquer le goudron.

Mais c'est aux *Antilles* qu'il fit faire les plus grands progrès. Il commanda la production intensive des *denrées d'exportation* : sucre, cacao, vanille, épices. — Il créa presque en entier le commerce d'*esclaves*, nécessaire à la culture des Antilles, profitable par lui-même sur les *côtes d'Afrique*, d'où l'on tire la gomme, l'ivoire, les cuirs.

Dans *les Indes*, il développa l'échange des produits manufacturés de France avec les soies de Chine, les toiles de coton de l'Inde, les perles et tapis de Perse, l'indigo, le café, etc.

Les *Indes espagnoles* elles-mêmes, livrées à la contrebande anglaise et hollandaise durant la vie de Colbert et malgré ses efforts, furent ouvertes après lui au commerce français par la Compagnie franco-espagnole de l'*Asiento*, 1701, qui y transporta, autant que le lui permit l'état de guerre en Europe, des esclaves, des vivres et des produits manufacturés.

Le commerce d'échanges alimenté par les produits du domaine d'Occident ou d'Amérique, valut à la France, en 40 ans, un gain de 300 *millions* au dire d'un contemporain[1], soit une moyenne de 7 1/2 millions par an, représentant un trafic d'au moins 40 millions. Le

---

1. De La Boullaye Le Gouz, inspecteur de la marine (*Mém.* inéd. de 1707).

commerce du Sénégal, sous l'habile direction d'André Brüe, se chiffre annuellement par près de 8 millions. Le trafic avec l'Orient s'élève à 12 millions environ. La France exporte pour 7 millions de produits coloniaux en Angleterre et en Hollande. — On peut donc évaluer le commerce colonial de cette période, année moyenne, à 70 *millions* au moins (monnaie du temps)[1].

Marine. — La *marine militaire* fit, comme l'on sait, les plus remarquables progrès sous l'administration de Colbert et de Seignelay. La flotte comptait en 1692 plus de 700 navires de tout rang. Si elle fut délaissée après l'affaire de La Hougue, elle fut remplacée dans l'action lointaine par les navires particuliers armés en course et montés par les Jean Bart, les Duguay-Trouin, les Forbin, les Pointis, etc. — La *marine marchande* s'accrut aussi rapidement, grâce aux primes et aux profits. Plus de 300 navires français font le commerce des Antilles, de l'Afrique, et les Compagnies diverses en entretiennent plus de 100 dans les mers orientales.

Finances. — Les finances du roi commencent à tirer un revenu net de ce domaine et de ce commerce. La ferme d'Occident (qui vaut plus de 2 millions) est allouée successivement aux prix de 50 000 livres, 116 000 livres et 550 000 livres (1700). La ferme du tabac est fixée à 1 500 000 livres en 1700. En outre, le Trésor perçoit des droits d'entrée assez lourds (33 sols 4 deniers par quintal sur le sucre brut et 66 sols 8 deniers sur le sucre terré ; 3 0/0 de la valeur sur les autres denrées) sur tous les produits coloniaux. Les cinq grosses fermes s'élèvent de 4 millions, en 1661, à 41 millions, en 1683, et les aides de 4 à 21 millions. — Ce n'est pas exagérer que de porter

1. Il faudrait tripler pour avoir l'équivalent en monnaie d'aujourd'hui.

à 7 ou 8 millions (monnaie du temps) le revenu net qui
revient au Trésor du fait des colonies et du commerce
colonial. Le roi, d'ailleurs, dépensa beaucoup plus en
primes et encouragements accordés aux Compagnies.

Deuxième phase (jusqu'en 1769).

Commerce. — Le dix-huitième siècle, trop décrié, a
été, au moins jusqu'en 1756, l'époque de la plus grande
prospérité coloniale.

La recherche de l'or en Louisiane, après avoir tenté
le financier Crozat et Law, fit place à la culture du tabac
et de la canne à sucre. Aux Antilles, l'abolition des droits
d'entrée sur les denrées coloniales, en 1717, et l'extension de la culture du café à la Guadeloupe ont déterminé
une grande activité productive. Elle se traduit par
l'accroissement rapide de la population nègre et par le
progrès des exportations. Les produits des colonies,
sucre, café, coton, indigo, tafias, cacao, rocou, etc., furent
de plus en plus recherchés en France et en Europe; ils
devenaient des objets de première nécessité.

En 1753, le commerce du Canada et de l'Amérique
continentale se chiffre par 7 *millions* environ, dont plus
de 5 millions à l'importation venant de France. — Le
commerce des Iles s'élève à plus de 340 *millions*. Il a
décuplé depuis 1713. La Martinique importe en France
pour 25 millions de denrées, la Guadeloupe 20 millions,
Saint-Domingue plus de 100 millions; elles en reçoivent
la première pour 20 millions, la deuxième pour 23 millions et la troisième pour 80 millions. — Le commerce
de l'Orient entre les mains de la Compagnie des Indes a
produit, de 1725 à 1769, la somme considérable de
768 995 870 livres d'échanges, avec un bénéfice de plus
de 200 *millions* sur la vente en France et à l'étranger des

denrées de l'Inde et de la Chine. — C'est donc à plus de 360 *millions*, année moyenne, qu'on peut évaluer le commerce colonial français d'Occident et d'Orient, durant la période du dix-huitième siècle qui va jusqu'en 1769.

Marine. — La marine royale, sacrifiée par Dubois et Fleury à l'alliance anglaise, n'a pas reçu le développement qu'auraient exigé la sécurité des colonies et les progrès de nos rivaux. En 1763, après les désastres de la guerre de Sept ans, la flotte est réduite à 54 mauvais vaisseaux. Toutefois, Choiseul reprit à cette date l'œuvre déjà essayée par Machault d'Arnouville. En six ans, il refit une flotte de 171 navires, dont on connaît la brillante intervention dans la guerre d'Amérique. — Mais la marine marchande se développe bien autrement que la marine militaire. Plus de 500 navires de 200 tonneaux font le commerce d'Amérique et d'Afrique, et la Compagnie des Indes expédia en 44 ans (1725-69) 761 navires montés par 87 000 marins. Les colons eux-mêmes, notamment à Saint-Domingue, la Martinique et la Guadeloupe, entretiennent une flottille de plus de 100 navires pour trafiquer d'île en île et avec le continent américain. Ils les arment en guerre au besoin : ils purent ainsi faire sur les Anglais jusqu'à 950 prises valant 30 millions.

Finances. — Le *Trésor royal* reçoit directement de l'imposition des îles une somme de 6 600 000 livres. Mais il s'enrichit, en outre, des droits d'entrée perçus sur les denrées exotiques. Les retours de l'Inde, par exemple, qui ont été, de 1725 à 1769, de 443 millions, ont fourni au Trésor (en comptant un droit de 3 0/0 de la valeur) une somme de 133 millions. Il est vrai qu'en dons, primes et exemptions, le roi a abandonné à la Compagnie, durant la même période, la somme énorme de 376 millions.

Mais le revenu total, dû en partie aux aides et fermes, qui se sont accrues du fait du commerce colonial, s'est élevé de 180 à 500 millions.

RÉSUMÉ DE LA DEUXIÈME PÉRIODE

I. — Le Régime ou l'Administration.

1. Avec *Richelieu* prévaut le système de la *colonisation d'État par l'intermédiaire des Compagnies privilégiées.* Les statuts de la *Compagnie des Cent-Associés* (29 avril 1627) servent de modèle durant tout le dix-septième siècle. — *Sept* compagnies sont créées sur les bases de 1627 à 1661.

2. A ce système, *Colbert* ajoute ou substitue l'*exclusif*, l'*assimilation* administrative et législative, le *gouvernement direct* et la *centralisation* (après 1674 et pour les colonies d'Amérique). Il fonde, par souscription nationale, les *cinq grandes Compagnies* (des Indes occidentales qui dure jusqu'en 1674, des Indes orientales, du Levant, du Nord, du Sénégal) et par souscriptions restreintes, *dix* Compagnies particulières. — Il est l'inventeur du *pacte colonial.*

3. Le gouvernement de *Louis XV* fonde et garde jusqu'en 1769 la *grande Compagnie des Indes*, adoucit l'exclusif par la création de deux *entrepôts*, et la centralisation par l'établissement d'un *tribunal terrien* à Saint-Domingue, mais maintient rigoureusement le *pacte colonial.*

II. — Les résultats territoriaux, commerciaux, etc.

1. **Domaine et population.** — Jusqu'en 1661, extension du *Canada et de l'Acadie;* acquisition des *Petites Antilles;* établissement à *Fort-Dauphin.* — Total : 650000 kil. c., 13 000 habitants.

Jusqu'en 1713, acquisition de la *baie d'Hudson*, de la *vallée orientale du Mississipi* ou *Louisiane*, de la partie occidentale de *Saint-Domingue*, de *Tabago*, de la *Guyane* continentale, de *Saint-Louis* du Sénégal et de *Gorée*, de *Madagascar*, de l'*Ile-Bourbon*, de comptoirs dans l'*Inde.* Mais en 1713, perte de la baie d'Hudson, de l'Acadie, de Terre-Neuve, de

St-Christophe. — Total 8 000 000, puis 4 000 000 kil. c. 79 000, puis 76 000 hab.

Jusqu'en 1764, acquisition de l'*Ile-de-France*, de *Mahé*, de *Karikal*, du *Carnatic*. Mais en 1754 et 1763-64, perte du Carnatic, du Canada, de Grenade, de Tabago, de la Louisiane. — Total en 1764 : 36 000 kil. c., 412 000 hab.

C'était la fin du *premier grand empire* colonial français.

2. **Commerce.** — En 1661 : blé, bois, morues, peaux de castors, sucre, cacao, indigo, rocou, tabac, épices, viandes salées, esclaves. — Total : 4 500 000 l.

En 1713 : pelleteries, minerais de cuivre et de fer, goudron, produits des Antilles, tabac, gommes, ivoire, cuirs, soies, toiles de coton, indigo, café, esclaves. — Total : 70 000 000 l.

En 1769 : mêmes produits. — Total : 360 000 000 l.

3. **Marine** militaire : 100, 700, 171 navires. — Marchande : 100, 400, 600.

4. **Finances.** — Recettes directes (non comprises les augmentations sur les aides et les fermes) : 550 000 l. (1700), 6 600 000 (1769).

CHAPITRE III

TROISIÈME PÉRIODE (1769 à 1802).

L'ESSAI DE LA LIBERTÉ

I. — Le régime ou l'administration.

1° De 1769 à 1789. — L'abolition du privilège de la Compagnie des Indes a *rendu libre le commerce de l'Orient*. Mais on ne persiste dans ce système que jusqu'en 1785. La Compagnie des Indes fut alors reconstituée avec ses privilèges et son monopole. Une *Compagnie du Sénégal* reçut même en 1779 le monopole du commerce d'Afrique, y compris la traite.

L'exclusif, déjà atténué par la création de deux entrepôts aux Iles, fut presque complètement aboli par l'arrêt du 30 août 1784 qui permit l'échange des colonies avec l'étranger pour les produits suivants : à l'*importation* aux Iles, les bois, charbons de terre, salaisons de bœuf, morue et autres poissons, riz, maïs, légumes, cuirs verts et tannés, résines, goudrons; à l'*exportation* les sirops, tafias et marchandises de France.

La législation resta la même. Celle du Code noir fut même plutôt aggravée, à cause de la turbulence des métis[1] devenus nombreux et riches. Le mariage fut interdit entre blancs et noirs; défense fut faite aux

---

1. Nés du croisement des Européens et des Noirs.

affranchis de résider en France, aux noirs de porter les habits des blancs, aux curés de rédiger aucun acte pour les noirs se disant libres, etc. Par contre, des *assemblées coloniales* furent créées dans chaque colonie en 1788, à l'imitation des assemblées provinciales de France, et les colons blancs y élurent des députés. Ils avaient même, dès 1780, reçu le droit d'élire des députés auprès du Conseil colonial créé près du ministre de la marine.

2° **De 1789 à 1802.** — Le système colonial de la Révolution diffère essentiellement de celui de Colbert, même avec les amendements qu'il venait de recevoir. A la conception brutale : « Les Colonies sont créées par et pour la métropole, » on substitue le principe : « *Assimilation politique et économique des colonies avec la métropole, combinée avec leur autonomie administrative.* » — « Les Colonies, dit la Constitution de l'an III, sont parties intégrantes de la République et sont soumises aux mêmes lois constitutionnelles. » — « Le commerce des Colonies, dit la Constituante, est un commerce entre frères, un commerce de la nation avec une partie de la nation » (séance du 28 juillet 1791).

En effet, dès le début de la Révolution, les colons blancs reçoivent de la Constituante le *droit électoral,* le droit de *représentation* dans le Parlement métropolitain, le droit d'élire des *assemblées coloniales en partie souveraines.* Il n'y a plus qu'une même loi et qu'un même droit dans la métropole et les colonies. Le lien entre elles est marqué par la présence de *représentants* ou *commissaires* qui administrent avec les assemblées et non contre elles ou sans elles, et par l'*appel* qui reste réservé aux tribunaux métropolitains. Tout pouvoir, aux colonies comme dans la métropole, a pour base l'*élection.*

Au lieu de la législation du Code féodal et du Code

noir, *les droits de citoyens actifs* sont reconnus successivement aux colons blancs (4 juillet 1791), aux noirs
libres et propriétaires, fils de père et mère libres
(15 mai 1791), à tous les noirs libres sans distinction
d'origine (24 mars 1792), et enfin à tous les noirs, quand
fut prononcée, le 4 février 1794, *l'abolition de l'esclavage.*

Au lieu du privilège, du monopole et de l'exclusif, la
liberté absolue du commerce des Indes fut décrétée le
3 avril 1790, bien que deux ports d'attache (Lorient et
Toulon) fussent maintenus dans un but fiscal ; le commerce d'Amérique fut *affranchi de tous droits d'entrée et
de sortie* sur les produits nationaux à destination des
colonies et sur les principales denrées coloniales (sucres
même raffinés, cacao, café, indigo) à destination de la
métropole ; il profita, en outre, d'une atténuation de
taxes et de la libérale législation douanière votée le
28 juillet 1791. La Convention abolit même toutes
douanes entre les colonies et la métropole, en exigeant
toutefois, par mesure de représailles contre l'Angleterre,
que tout le commerce colonial se fît sous pavillon
français (*Acte de navigation*, 21 septembre 1793).

II. — Les résultats territoriaux, commerciaux et autres.

1° LE DOMAINE ET LA POPULATION.

Domaine sous Louis XVI. — Le gouvernement de
Louis XVI a fait quelques acquisitions coloniales. Le
traité de Versailles 1783 nous rend *Tabago* et le *Sénégal*,
où le duc de Lauzun a repris Saint-Louis dès 1779, où
les gouverneurs Eyriès, Durand, chevalier de Boufflers
commencent la pénétration à l'intérieur, établissent les

3.

comptoirs de *Podor* et *Albréda* et font reconnaître leur autorité dans le *Cayor* (v. carte, p. 87).

L'évêque d'Adran, Pigneau de Behaine, nous fait donner par Gia-Long, roi d'Annam, contre un secours en hommes et en argent, le port et le territoire de *Han-Lan* (v. carte, p. 100), dans la baie de Tourane (1787).

De 1773 à 1786, Benyowski fait d'héroïques efforts, malheureusement contrariés par le gouverneur de l'Ile-de-France, pour mettre sous le protectorat de la France toute l'île de Madagascar (v. carte, p. 98).

Bougainville.

Le voyage de La Pérouse (1783-87), complétant celui de Bougainville (1769), nous acquiert des droits historiques en Océanie.

Domaine sous la Révolution. — Durant la Révolution, les colonies ont subi deux sortes d'assauts : la guerre civile et les attaques des Anglais.

La *Réunion*, l'*Ile-de-France* échappent aux Anglais, mais non à la guerre civile. L'Assemblée coloniale de Saint-Denis, élue en 1790, et dévouée à la Révolution, proclame la République le 16 mars 1791, saisit et emprisonne à l'Ile-de-France le gouverneur Duplessis qu'elle accuse d'hostilité, et jusqu'à l'arrivée du général Decaen (1803) gouverne les deux îles sans le concours de la métropole.

Les *établissements de l'Inde* restent aux mains des Anglais de 1793 à 1802.

La *Martinique*, agitée dès 1790 par l'hostilité entre noirs et blancs, s'insurge avec le comte de Béhague, son gouverneur, contre la Convention, en septembre 1792, se refuse à recevoir le commissaire de la République, Rochambeau. Puis, le parti des affranchis et des petits colons, c'est-à-dire le parti de la Révolution, parvient à chasser Béhague, et rappelle Rochambeau, réfugié à Saint-Domingue. Enfin la réaction triomphe de nouveau, en avril 1793, et les blancs livrent l'île aux Anglais, qui la possèderont jusqu'en 1802.

La *Guadeloupe* faillit avoir le même sort. Le gouverneur de Clugny fomente la guerre entre blancs et noirs jusqu'en 1793. Lacrosse rétablit la paix, et impose les décisions de la Convention. Mais les Anglais, appelés par les blancs, prennent la Grande-Terre (avril 1794). Il fallut tout l'héroïsme de *Victor Hugues* pour les en chasser. Avec quelques centaines de soldats et dix mille miliciens qu'il organise avec le concours de Pelardy, et avec une flottille de petits navires qu'il arme en guerre, non seulement il chasse les Anglais de la Grande-Terre (juin 1794), fait capituler le général Graham au camp de Berville, fait évacuer Basse-Terre par le général Prescott et repousse toutes les attaques ultérieures, mais encore il prend l'offensive, enlève Sainte-Lucie et fait des courses à travers les îles, qui lui valent de grosses prises sur les Anglais et les Américains et le rendent maître de la mer des Antilles. Il fut rappelé au moment où il préparait une attaque contre la Jamaïque.

En *Guyane*, la loi d'avril 1790 provoque entre les Petits-

Blancs (artisans et commerçants) et les Grands-Blancs (propriétaires et planteurs) des luttes qui durent jusqu'en 1794. Le gouverneur Jannot Oudin peut les apaiser et promulguer sans trouble la loi d'abolition de l'esclavage (1794). Mais il la fausse en organisant son « régime du travail » qui n'était qu'un esclavage déguisé et qui détermine des révoltes des noirs, durement réprimées. D'autre part, les Portugais profitent de l'isolement de la colonie pour bâtir un fort sur l'Oyapok.

Au *Sénégal*, Saint-Louis résiste à trois attaques des Anglais (1793-94), et les colons en 1793 participent à la défense nationale par un don spontané de 20 000 livres. Mais Gorée est prise en 1800.

Malgré toutes ces pertes et tous ces troubles, il se trouva qu'à la fin de la période révolutionnaire, lorsque se fit avec les États européens le règlement du nouvel état de choses, le domaine colonial était considérablement augmenté.

Si l'*Égypte*, occupée de 1798 à 1801, nous échappe, en revanche le Portugal, par divers traités (Madrid 1801), rend la moitié du territoire contesté de *Guyane* (jusqu'à l'Arrapouari) ; l'Espagne, au traité de Bâle (1795), nous cède la *partie orientale de Saint-Domingue*, et par le traité de Saint-Ildefonse (1801) nous restitue la *Louisiane*. L'Angleterre enfin, au traité d'Amiens (1801), nous rend la *Martinique*, *Gorée*, les *établissements de l'Inde*, et de plus reconnaît notre protectorat sur les *Iles ioniennes*.

Le domaine colonial en 1802 redevenait supérieur à ce qu'il était avant 1763. Les Iles ioniennes et la partie espagnole de Saint-Domingue, qui sont de nouvelles acquisitions, compensent presque le Canada, non par l'étendue, mais par la valeur commerciale.

La France possède alors un domaine d'environ 400 000 kilomètres carrés, et il est partout effectif.

Population. — La population est d'au moins 800 000 habitants, dont 600 000 noirs.

2° COMMERCE, MARINE, FINANCES.

Commerce jusqu'en 1789. — Les objets de commerce entre les colonies et la métropole ont été énumérés plus haut. Mais il importe d'en dresser la liste et d'en fixer la valeur, à la fin de l'ancien régime. Le tableau suivant est emprunté à la statistique dressée en 1787 par le Bureau de la Balance du commerce.

1° Importations des colonies en France.

Sucre brut......	16.857.055	
— raffiné....	. 2.664	61.358.453
— terré......	40.117.153	
— tête.......	4.381.581	
Café.........................		53.153 058
Indigo......................		15.388.659
Sirop et tafias...............		10.000.000
Coton.......................		8.938.797
Cacao........		
Rocou........	ensemble......	36.221.000
Gingembre...		
Divers.......		
TOTAL..........		185.059.967

2° Exportations de France aux colonies.

Nègres (14 900 par an à 1 700 f. l'un)		41.912.000
Morues et salaisons............		19.528.000
Farines............		
Vins..............	ensemble	22.327.000
Produits manufacturés		
Divers...........		
TOTAL...		73.767.000
TOTAL GÉNÉRAL (*importations et exportations*)............		258.826.967

Mais l'édit de 1784 a autorisé le commerce direct des colonies avec l'étranger pour un certain nombre de produits. Ce mouvement d'affaires a produit en 1787 :

Importations étrangères...............	·20.008.000
Exportations des îles à l'étranger.....	13.840.000
Total................	33.848.000

Le trafic des colonies comporte encore les éléments suivants :

Échanges à la côte d'Afrique.........	17.000.000
Pêcheries.........................	25.000.000
Commerce des Indes (chiffre présumé).	60.000.000
Total............	102.000.000

En additionnant toutes ces sommes, on arrive au total de 436 674 000 livres représentant le *commerce général* des colonies, soit 400 000 000 avec la métropole. Le dixième environ (48 745 000 fr.) forme ce qu'on appelle alors la balance du commerce français, c'est-à-dire l'excédent de l'exportation nationale sur les importations, et tout le monde s'accorde à en reporter le mérite aux denrées coloniales. Le baron d'Allarde, en octobre 1789, estimait, devant la Constituante, l'exportation en denrées des îles à plus de 100 millions.

Marine. — La *marine marchande*[1], bien qu'encore insuffisante, emploie 1 219 navires, jaugeant 350 897 tonnes pour le commerce des Iles, 92 de 32 528 tonnes pour la traite et 2 271 de 69 888 tonnes pour la pêche, soit au total 3 582 navires et 452 303 tonnes, non comprise la navigation des Indes, qui est redevenue un monopole et compte seulement 11 navires en 1786.

1. La *Marine militaire* est restée dans l'état où l'avait mise Choiseul.

Finances. — Le *trésor royal* perçoit du domaine d'occident, en 1789, la somme nette de 10 millions. Il y faudrait joindre, pour évaluer tout le profit, les plus-values des aides et fermes qui s'élèvent ensemble à plus de 160 millions, sur un revenu total de 827 millions.

Commerce, marine et finances jusqu'en 1802. — La période de la Révolution n'a pas donné de résultats commerciaux. Le nouveau régime colonial n'a pas survécu aux troubles qu'il a causés, et l'état de guerre général a rompu tout rapport entre les colonies et la métropole, à partir de 1793. A ce moment, la Compagnie des Indes, qui s'est maintenue sans monopole, fait encore un important trafic, puisqu'elle accuse un actif de 48 600 000 livres, et un passif de 40 817 000. Les Iles ont maintenu leur commerce au chiffre qu'il avait atteint en 1789, jusqu'au moment où elles sont tombées aux mains des Anglais.

La marine militaire est aussi restée ce qu'elle était, mais eut trop à faire en Europe pour être employée à la protection des colonies. La marine marchande ne put s'employer au trafic d'outre-mer.

Les finances réorganisées ne reçoivent rien d'un domaine provisoirement séparé.

RÉSUMÉ DE LA TROISIÈME PÉRIODE

I. Le Régime ou l'administration.

1. Le gouvernement de Louis XVI crée une *Compagnie du Sénégal* en 1779, et rétablit la *Compagnie des Indes* en 1785. Mais, par l'*arrêt du 31 août 1784*, il ouvre les colonies au commerce étranger et porte atteinte au pacte colonial. Par les *assemblées coloniales* (1788), il tempère le régime de centralisation.

2. La Révolution établit le régime de l'*assimilation politique et économique des colonies combinée avec l'autonomie*

administrative. Elle donne le *droit électoral* et tous les *droits de citoyen actif* aux noirs comme aux blancs (mai 1791, mars 1792), le droit de *représentation* dans le Parlement, l'*autonomie* dans les assemblées coloniales ; elle maintient l'*appel* aux tribunaux de la métropole ; elle abolit l'*esclavage*, 4 février 1794. — Elle abolit tous privilèges et monopoles commerciaux (avril 1790) ; elle affranchit des droits de douane les principales denrées coloniales et même en 1793 toutes les denrées.

II. Résultats territoriaux, commerciaux, etc.

1. **Domaine**. — Acquisition de *Tabago*, de *Saint-Louis*, *Podor* et *Albréda* (Sénégal), de *Han-Lan* en Indo-Chine ; occupation éphémère de l'**Égypte** (1798-1801) ; acquisition de la *partie orientale de Saint-Domingue*, de la *Louisiane*, des *Îles ioniennes*. — Total en 1802 : 400 000 kil. c., 800 000 hab.

2. **Commerce**. — Sucre, café, indigo, sirops et tafias, coton, cacao, rocou, gingembre, pêcheries, morues et salaisons, farines, vins, produits manufacturés, esclaves : 436 674 000 l. (1789).

3. **Marine** militaire : 180 navires — marchande, 3 582.

4. **Finances** : 10 000 000 l.

CHAPITRE IV

QUATRIÈME PÉRIODE (1802 à 1870).

L'ANCIEN EN LE NOUVEAU RÉGIME
LA RECONSTITUTION DE L'EMPIRE

I. — **Le régime ou l'administration**.

1° Régime politique et administratif.

Sous le Consulat et l'Empire. — Bonaparte abolit aux colonies l'œuvre législative de la Révolution. La Constitution de l'an VIII (art. 91) établit que « le régime des colonies sera déterminé par des lois spéciales ». Mais en fait, durant le Consulat et l'Empire, les colonies furent régies par de simples règlements. L'arrêté consulaire du 19 avril 1801 crée une administration qui, sous de nouveaux noms, *capitaine général*, *préfet*, *commissaire de justice*, est celle de l'ancien régime. L'arrêté du 16 juin 1802 décide que, « pour l'état des personnes, pour la propriété, pour la compétence des assemblées coloniales, les *colonies seront régies par les lois et règlements en vigueur avant* 89 ». C'était le rétablissement de l'esclavage, du pacte colonial, de la tyrannie administrative et de l'arbitraire législatif.

Sous la Restauration. — La Restauration n'eut donc rien à restaurer aux colonies. Elle consacra seulement

le régime napoléonien en insérant dans la charte de
1814 (art. 73) « que les colonies seraient régies par des
lois et règlements » et en procédant, comme Napoléon,
par voie d'ordonnances.

Après l'ordonnance du 22 novembre 1819 qui créait
des *comités consultatifs* dans les quatre colonies dites
anciennes (Martinique, Guadeloupe, Guyane, Réunion),
une *ordonnance constitutive du* 21 *août* 1825, d'abord
particulière à Bourbon, puis étendue en 1827 et 1828 aux
trois autres colonies, détermina le régime administratif
qui prévaut encore en partie à l'heure actuelle : un *gouverneur*, assisté de trois chefs de service responsables
(*commissaire-ordonnateur* pour la guerre, la marine, la
comptabilité générale; *directeur général de l'intérieur*
pour la police et les contributions; *procureur général*
pour la justice); un *contrôleur général ;* un *conseil privé;*
un *conseil général* de 24 membres, nommés par le roi
sur une liste double dressée par les conseils municipaux
(eux-mêmes nommés) parmi les propriétaires et hauts
patentés âgés de trente ans et ayant cinq ans de rési-
dence; enfin un *député* auprès du roi, nommé par le
roi sur une liste de trois membres dressée par le
Conseil général. L'Inde, le Sénégal, Saint-Pierre et
Miquelon restèrent soumis au pouvoir discrétionnaire
des gouverneurs.

Sous la monarchie de Juillet. — La monarchie de
Juillet, malgré les promesses de la Charte réformée
(art. 64), changea peu de choses à ce régime. Elle légiféra
aussi le plus souvent par ordonnances.

Cependant deux lois importantes furent promulguées.
La première, du 24 *avril* 1833, fait un léger changement
dans le droit politique et administratif. Elle établit que
dans les **quatre** anciennes colonies les droits politiques

et de propriété seront réglés par des lois, et le reste par ordonnance ou par décret émanant du *Conseil colonial*. Ce Conseil colonial (précédemment Conseil général) comprend 30 membres (au lieu de 24) élus pour cinq ans par un collège électoral censitaire ; il vote le budget, établit et répartit l'impôt, émet des vœux et délègue deux délégués auprès du gouvernement métropolitain. L'autre loi, du 25 *juin* 1841, établit les rapports entre les colonies et la métropole. Elle met à la charge de l'État, qui perçoit certains droits (enregistrement, greffe, douane, navigation), les *dépenses dites de souveraineté*, savoir : l'administration, la défense, la justice, les cultes, l'instruction ; elle laisse les autres dépenses à la discrétion des conseils coloniaux, sauf approbation.

Sous la République de 1848. — Avec la République de 1848 se produit un retour, éphémère il est vrai et même incomplet, au régime de la Révolution.

D'abord le décret du 27 avril 1848 et l'article 6 de la Constitution de novembre 1848 prononcent *l'abolition de l'esclavage*, moyennant une indemnité aux propriétaires, que détermina la loi du 30 avril 1849 (12 millions, moitié en rentes et moitié en argent, soit environ 500 francs par nègre). Ensuite les décrets du 5 mars et du 27 avril 1848 rendirent aux colons le *droit électoral* et le *droit de représentation*, dont ils étaient privés depuis 1800. M. Schœlcher, l'inspirateur de toutes ces mesures, aurait voulu ramener les colonies au droit révolutionnaire, c'est-à-dire à l'assimilation politique et à l'autonomie administrative. Mais l'article 109 de la Constitution de 1848 maintint le régime des *lois particulières* pour les colonies, en abolissant au moins le régime du décret.

Sous le second Empire. — Le second Empire, comme

le Consulat, se hâta d'effacer tous ces droits et toutes ces libertés.

Le *décret organique de juin* 1854 (art. 18) qui est toujours en vigueur, divise les colonies en deux groupes : les trois îles (Martinique, Guadeloupe, Réunion) sont soumises à la *loi* pour les droits politiques, la propriété et la justice ; toutes les autres colonies, et celles-là même pour tout le reste, sont soumises au *décret* simple ou délibéré en conseil d'État. Le *sénatus-consulte du 4 juillet* 1866 ramène à la législation de 1827, l'administration intérieure des colonies. Les *conseils généraux* sont nommés moitié par les gouverneurs et moitié par les conseils municipaux (eux-mêmes nommés) ; ils sont renouvelables par moitié tous les trois ans ; ils peuvent toujours être dissous par le gouverneur ; leurs attributions sont assimilées (art. 1) à celles des conseils généraux de la métropole, mais leurs décisions sont soumises (art. 3) à l'approbation du gouvernement et il leur est interdit d'émettre des vœux.

2° *Régime commercial.*

De 1802 à 1861. — Le décret de 1802 ayant rétabli le pacte colonial, l'Empire perçut des droits d'entrée, parfois énormes (400 à 700 fr. les 100 kilog. de coton brut, 100 fr. les 100 kilog. de sucre, etc.) sur les denrées coloniales. La Restauration l'imita : elle rétablit même *l'exclusif* aussi rigoureusement qu'au temps de Colbert. En 1814 et 1816, des ordonnances ferment les colonies à l'importation étrangère ; la loi du 5 février 1826 fait exception pour les farines et quelques autres produits, mais en les frappant d'un droit presque prohibitif (21 fr. 50 par tonne). La Monarchie de Juillet maintint ce régime de l'exclusif (loi du 26 avril 1833 sur les sucres) ;

elle renouvela même de 1838 à 1842 le monopole et les privilèges de l'ancienne Compagnie du Sénégal; elle annula, en 1837, les droits d'octroi établis sur les marchandises françaises par la Martinique et, en 1839, la libre sortie autorisée par les conseils coloniaux de la Martinique et la Guadeloupe en faveur des navires étrangers chargés de sucre colonial.

Liberté commerciale. — C'est le second Empire, dont la législation politique était si peu libérale, qui *a brisé le pacte colonial*. C'était la conséquence de la politique du *libre-échange* inaugurée en 1860. — La *loi du 3 juillet* 1861 admet aux colonies toutes les marchandises étrangères avec les droits supportés en France, et elle autorise l'exportation en tous pays des produits coloniaux. La *loi du* 16 *mai* 1863 accorde franchise en France aux denrées coloniales importées par navires français, sauf pour les sucres, mélasses, confitures, café et cacao. *Le sénatus-consulte du 4 juillet* 1866 autorise les conseils généraux à établir l'*octroi de mer* sur tous les produits, même français.

Résumé. — En 1870, le régime des colonies peut donc se résumer en ces deux termes :

Au point de vue politique et administratif, persistance de l'ancien régime.

Au point de vue économique, abolition du pacte colonial et de l'exclusif métropolitain.

II. — Les résultats territoriaux, commerciaux et autres.

1° LE DOMAINE ET LA POPULATION

Domaine de 1802 à 1830. — Le Consulat et l'Empire *ont consommé une seconde fois la ruine de notre empire colonial.*

La *Louisiane*, à peine recouvrée, fut vendue aux États-Unis, en 1803, pour la somme de 80 millions. *Saint-Domingue*, insurgée contre le décret de 1802 sous la conduite de Toussaint-Louverture, Pethion, Dessalines, est soumise par Leclerc en 1802, mais perdue par Rochambeau en 1803 et abandonnée à son indépendance. La *Réunion*, malgré l'énergique résistance des colons, est prise par les Anglais en 1810; il en est de même de Sainte-Marie-de-Madagascar, malgré Sylvain Roux, et de *l'Ile-de-France*, malgré le général Decaen, 1811; des Établissements de l'Inde, dès 1803; de la Martinique, 1809; de la Guadeloupe et de ses dépendances, 1809-1810; de la Guyane, malgré Victor Hugues, 1809; de Gorée et de Saint-Louis, 1804-1809. — Ces pertes, conséquences de la rupture de la paix d'Amiens et de l'abandon de la marine, n'étaient pas définitives. Mais le traité de Paris (20 novembre 1814) en consacra une partie. La *Louisiane*, *Saint-Domingue* et l'*Ile-de-France* nous échappent pour toujours; l'Angleterre, qui, depuis un siècle, s'enrichit à nos dépens, hérite de la dernière, ainsi que de *Tabago*, de *Sainte-Lucie* et du protectorat des *Iles ioniennes*. — Il ne nous reste que Saint-Pierre et Miquelon, la Martinique, la Guadeloupe et dépendances, les cinq villes de l'Inde, la Réunion, Sainte-Marie-de-Madagascar, Saint-Louis du Sénégal et Gorée, la Guyane.

C'était un domaine de 38 000 kilomètres carrés, avec une population de 400 000 habitants environ !

Domaine de 1830 à 1870. — La Restauration, avant l'expédition d'Algérie, n'a pas fait la moindre acquisition coloniale. Elle a seulement favorisé l'essai chimérique tenté en 1828 par Mme Javouhey, supérieure de la Congrégation de Saint-Joseph de Cluny, de faire une colonisation congréganiste dans la vallée de la Mana, en Guyane. Mais en juin 1830 on commmence l'attaque contre l'*Algérie*. Ce fut comme le signal de nouvelles conquêtes et d'une nouvelle activité coloniale.

En quarante ans, la France a su *reconstituer son empire d'outre-mer*, « ce qui, comme on l'a dit, était plus difficile que de le garder ».

Conquête de l'Algérie. — Commencée le 5 juin 1830 pour faire diversion à la politique intérieure, retardée de 1830 à 1833 pour ménager « l'entente cordiale » avec l'Angleterre, menée avec esprit de suite par les gouverneurs créés en 1833 et avec vivacité par le maréchal Bugeaud, gouverneur de 1841 à 1847, *la conquête de l'Algérie* fut longue, difficile et marquée par des exploits vraiment héroïques. Notre grand ennemi de 1832 à 1847 fut Abd-el-Kader, émir de Mascara, que soutinrent en sous-main les Anglais et ouvertement le sultan du Maroc, Abd-er-Rhaman. Le dey Hussein était sorti d'Alger dès le 5 juillet 1830, après notre victoire de Staouëli et la destruction du fort l'Empereur ; Bône, Bougie, Oran étaient prises par la flotte dès la première année. Mais Abd-el-Kader, voyant nos hésitations, excite le fanatisme musulman et prend le titre d'émir (1832), que le traité Desmichels (1835) et le traité de la Tafna (1837) ont le tort de lui reconnaître avec les provinces d'Oran et de Tittery. Il se crée un véritable empire et il nous menace jusque dans le voisinage d'Alger, malgré d'héroïques résistances (Mazagran 1840). Ses succès sont enfin arrêtés par Bugeaud qui prend l'offensive avec ses colonnes

Le maréchal Bugeaud.

mobiles, saisit Mascara, Medeah, Tlemcen, Milianah, Boghar et force l'émir, après la perte de sa smalah, 1843 (duc d'Aumale) à se réfugier au Maroc. Il l'y poursuit, et tandis que la flotte commandée par le prince de Joinville bombarde Tanger et Mogador, il inflige à l'armée marocaine la défaite de l'Isly (1844), qui force Abd-er-Rhaman à reconnaître notre occupation. Enfin, après un retour offensif, marqué par les surprises de Aïn-Temouchen et Sidi-Brahim, Abd-el-Kader est forcé de se rendre le 23 décembre 1847. Sa soumission entraîne celle de la population arabe. Constantine, en effet, défendue par Ahmet-bey contre Clauzel, avait été prise d'assaut par Damrémont et Valée en 1837. Les Arabes se soulevèrent encore souvent (surtout en 1871), mais par groupes isolés. Quant à l'élément kabyle, cantonné dans le Djurdjura, il résista longtemps encore. Entrés en guerre contre nous dès 1839, vaincus et décimés par Bugeaud en 1844-1845-1847, les kabyles ne furent soumis qu'après la triple expédition de Mac-Mahon, Yousouf et Renault en 1857 et la construction du fort l'Empereur (aujourd'hui fort National) ordonnée au cœur même du pays par le maréchal Randon (1858).

L'*Algérie*, contrée montagneuse, au climat sec et brûlant, aux lacs et cours d'eau desséchés, à la population fanatique, fut d'abord très discutée et comme conquise à regret. Mais bientôt on se rappela qu'elle avait été le grenier d'abondance de l'ancienne Rome ; on défricha, après la *Métidja* ou plaine d'Alger, les nombreuses vallées encaissées dans les chaînes du *Petit-Atlas*, disséminées dans la région du *Tell*, la basse vallée du *Chéliff*, les plaines de *Sétif*, d'*Oran*, de *Sidi-bel-Abbès*, de *Guelma*, de *Bône*, et l'on vit que cette terre de l'oranger, de l'olivier, du dattier, négligée par les Arabes nomades et pasteurs, était particulièrement fertile en céréales ; on s'aperçut que les tribus arabes comme les tribus sédentaires des kabyles nourrissaient de nombreux troupeaux sur les pentes de la *Djurdjura* dans les lits à demi mouillés des torrents taris, des *chotts* et *sebkas* évaporés, et même sur les hauts plateaux du centre, où pousse une herbe sèche ; l'idée viendra bientôt de planter la vigne sur ce sol et sous ce ciel remarquablement propices, puis d'explorer le sous-sol qui se trouvera riche en minerais de fer et de cuivre. Quand on connut toutes les productions de ce pays agricole, on remarqua que ses côtes dentelées, abritant d'excellents ports (*Alger*, *Bougie*, *Philippeville*, *Bône*, etc.), situées à un jour et demi des côtes de France, semblaient adresser un constant appel aux marins et aux commerçants français. Les colons vinrent du midi de la France d'abord et reconnurent que le climat, qu'on accusait d'avoir

ALGÉRIE
et
TUNISIE

------- Limites

décimé l'armée, était presque le même et seulement plus chaud que celui de la Provence. Dès lors, l'Algérie devint une colonie d'immigration, un vaste champ d'exploitation agricole, une *France d'Afrique*.

Conquêtes dans l'océan Indien et dans l'océan Pacifique[1]. — Pendant que se poursuivait laborieusement la conquête de l'Algérie, des acquisitions plus ou moins importantes se faisaient incidemment sur divers points du globe.

Le 13 juin 1843, *Mayotte* est achetée pour 5000 francs de rente à Adriansouli, chef des Sakalaves de Boeni. — Le 5 mai 1841, *Nossi-Bé* est donnée par Tsimeco, reine des Sakalaves du nord-ouest de Madagascar, chassée par les Hovas.

Le 4 septembre 1838, un traité de protectorat est passé entre l'amiral Du Petit-Thouars et Pomaré IV, roi de *Tahiti* et renouvelé le 9 septembre 1842 avec la reine Pomaré V. Malgré la faiblesse du gouvernement français qui consent à donner une indemnité au missionnaire-négociant Pritchard, fait prisonnier par Du Petit-Thouars pour avoir abattu le drapeau français, le traité est sanctionné par la convention anglo-française de 1847, qui étend même notre protectorat aux *Iles sous le Vent*.

Le 4 novembre 1842, un traité semblable est conclu avec Lavélua, roi des *Iles Wallis*, sur qui, depuis 1837, le missionnaire Bataillon exerçait une grande influence.

Le 24 septembre 1853, la *Nouvelle-Calédonie* est occupée pour venger le massacre de l'équipage d'une chaloupe.

Mayotte et *Nossi-bé* (v. carte, p. 98) ne sont que des petites îles, malsaines, peuplées de nègres musulmans fanatiques, mais fertiles en pâturages, canne à sucre, riz et coton, admi-

1. Voir la carte d'ensemble de l'Océanie, page 102.

rablement situées dans le canal du Mozambique, dont elles commandent le passage.

Tahiti, par la douceur de son climat qui est un printemps perpétuel, par les mœurs faciles et un peu relâchées de ses habitants qui représentent le plus beau type polynésien, par sa fertilité qui est telle que les indigènes ne savent pas travailler et vivent des fruits naturels, cocos, bananes, dattes, goyaves, etc., a mérité de Bougainville le surnom de Nouvelle-Cythère. Formée de deux iles au centre montagneux, aux côtes bordées de madrépores, elle offre dans la partie nord, à *Papeete,* un excellent port qui, par sa situation au milieu de l'océan Pacifique, est l'escale et l'entrepôt nécessaire de toute la navigation à travers l'Océan.

Les *Iles sous le Vent* font partie du groupe de Tahiti ou archipel de la Société. Ce sont des ilots madréporiques, dont les indigènes pratiquent avec une incroyable audace la pêche des *huîtres perlières.*

Les *iles Wallis,* situées plus à l'ouest, n'ont de valeur que comme station.

La *Nouvelle-Calédonie*[1] jouit d'un climat aussi beau que Tahiti ; montagneuse au centre, elle est fertile, sur tout son pourtour, en pâturages, en céréales et productions des tropiques. C'est une colonie d'immigration et les indigènes, ou *Canaques,* retirés au centre, ont laissé la place libre aux colons. Le sous-sol est d'une richesse exceptionnelle en minerais d'*étain,* de *cuivre,* d'*antimoine* et surtout de *nickel.* Sur ses côtes madréporiques sont des abris difficiles mais sûrs pour les navires, et deux bons ports : *Nouméa* au S.-O., protégé par la presqu'île Ducos et l'île Nou ; *Port-Balade* au N.-E.

Conquête du Sénégal. — Au *Sénégal,* la pénétration à l'intérieur est poussée activement. Des comptoirs sont fondés à Dagana, Bakel, Bichard-Toll, Sénoudébou. Des établissements agricoles sont essayés, avec plus de frais, il est vrai, que de profit, dans le bas Sénégal (1832-1840).

Des voyages d'exploration à travers le *Soudan* sont entrepris par Mollien, dans le Bondou et la Gambie, par de Beauford dans le Bambouk et le Kaarta, par

1. Voir carte, p. 104.

l'illustre *René Caillié* dans le Fouta-Djallon, le haut Niger, le Sahara et le Maroc.

Mais c'est au général *Faidherbe*, gouverneur de 1854 à 1863, que sont dus les plus grands progrès. Il fait la

Le général Faidherbe.

conquête du haut-fleuve contre El-Hadj-Omar et il y fonde les postes de Kayes, Médine, Matam, Saldé. Il chasse ensuite Lat-Dior du Cayor qu'il annexe à la colonie (1864). Il envoie en même temps de tous côtés des missions militaires : Vincent dans l'Adrar, Mage chez

4.

les Maures Douaïch, etc. Il embellit Saint-Louis, établit
les divers services de la colonie, noue des relations
commerciales. Il peut être enfin proclamé le *véritable
fondateur du Sénégal français.*

Le *Sénégal* (v. carte, p. 87) n'avait guère été exploité au
dix-septième et au dix-huitième siècle que pour la traite des
noirs. Toutefois, André Brüe y avait établi un commerce
d'échanges assez important consistant d'une part en verroteries et eaux-de-vie, d'autre part en cuirs, gommes et ivoire.
Il l'avait fait en nouant des relations avec les rois indigènes,
maures ou nègres. C'est cette politique qu'a reprise Faidherbe,
mais avec un esprit de conquête et un but de possession. Or,
la vallée sénégalienne, avec sa chaleur tropicale et ses émanations paludéennes, surtout dans la partie basse, est inha-
bitable pour des Européens ; à cette insalubrité participe toute
la côte, où les rivières, larges et lentes, s'étendent en marais
pénétrés par le flux et évaporés par le soleil. On trouve, par
contre, un climat sain et une chaleur tempérée dans le plateau
de *Timbo*, d'où descendent toutes ces rivières, les deux sources
du Sénégal (*Bafing* et *Bakhoï*), son principal affluent la *Falémé*,
et sur l'autre versant le *Niger*. Malheureusement la pénétration
dans ce pays est difficile ; le Sénégal n'est navigable, en hautes
eaux, que sur 300 kilomètres ; aucune des rivières côtières
(Gambie, Casamance, rio Pongo, Scarcie, rio Nunez, etc.), ne
porte bateau à plus de 80 kilomètres à l'intérieur ; des forêts
immenses, à la végétation excessive, barrent la route en aggra-
vant l'insalubrité ; enfin la population elle-même (Fellatahs,
Peuls, Mandings, Maures, etc.), sauvage et guerrière, fanatisée
par l'islamisme, oppose une sérieuse résistance à toute domination. Le sol, d'ailleurs, sablonneux, desséché, est impropre
à la culture ; il ne produit qu'un peu de millet, la kola (sorte
de fève remplaçant le café), le manioc et les arachides (plante
oléagineuse dont la culture n'est devenue importante que
récemment). Cette contrée ne vaut donc commercialement que
par ses produits naturels utilisables (gommes, caoutchoucs,
gutta-percha, plumes d'autruche, ivoire), et par le voisinage
de contrées plus riches, comme la boucle du Niger, les côtes
de Guinée et surtout le Soudan, qu'on essaie de pénétrer
actuellement, et qui était aussi l'objectif de Faidherbe.

Conquêtes en Afrique et Asie. — Sur les autres côtes d'Afrique on fonde : 1° le comptoir du *Gabon*, cédé par le roi Denis en 1839, étendu après l'exploration de du Chaillou (1850-1863), destiné à servir de refuge, comme Freetown et Liberia, aux noirs délivrés par nos croisières en vertu de l'accord anglo-français de 1832 ; 2° les comptoirs d'*Assinie, Grand-Bassam et Dabou*, cédés par le roi Piter en 1832 ; 3° le territoire d'*Obock*, acheté pour 40,000 francs par le consul Henri Lambert au sultan de Tadjourah Aboubekr. En 1854, le roi des Achantis, Amatifou, sollicite le protectorat de la France.

A *Madagascar*, où la Restauration avait maladroitement laissé s'élever sous la protection anglaise l'empire hova de *Radama I*er (1818-1828), où la monarchie de Juillet avait fait deux démonstrations infructueuses, l'Empire essaie, sur les instances des colons Lambert et de Laborde, puissants auprès de Radama II, de fonder une compagnie de colonisation (1864) ; mais elle ne peut tenir contre les intrigues du gouvernement et des prédicants anglais.

En *Cochinchine*, après un long oubli des droits jadis concédés par Gia-Long, le massacre de quelques missionnaires ordonné par *Tu-Duc*, roi d'Annam, provoque l'expédition franco-espagnole de 1858-1860, qui a pour résultats : la prise de Saïgon par Rigault de Genouilly, puis celle de Mytho, Bien-Hoa, Vinh-Long et enfin le traité du 5 juin 1862, confirmé à Paris l'année suivante, qui nous cède ces territoires. Les provinces de l'ouest, Chaudoc, Hatien, etc., sont occupées en 1867 pour prévenir les insurrections que ne cessait de fomenter Tu-Duc. — Aussitôt le haut Mekhong est exploré par Doudard de Lagrée, Garnier et Delaporte (1868-1869), qui préparent ainsi la pénétration en Indo-Chine. — Cette occupation de la Cochinchine entraîna naturellement le protectorat sur le *Cambodge* à la prière du roi *Norodon* (1863). Ce pays, en effet, puissant au temps des Kmers, dont la civilisation a laissé des traces encore admirées, était devenu tributaire des royaumes d'Annam et de Siam. Le roi de Siam, en 1867, abandonna, moyennant une compensation (Bassac), contre laquelle protesta Norodon, son prétendu droit de suzeraineté.

Les trois régions entamées en Afrique, côte de *Guinée, Gabon, Obock* (v. cartes, p. 87 et 108), qui vont être pénétrées et occupées dans la période suivante, sont toutes trois insalubres comme le Sénégal, mais les deux premières sont beaucoup plus fertiles. *Obock* n'a d'importance que comme dépôt de charbon sur la route des Indes, au débouché de la mer Rouge, en face d'Aden, et comme entrepôt du commerce qui pourrait se faire par l'Harrar avec l'Abyssinie. La *Guinée* (v. carte, p. 87) dont la côte est bordée d'immenses lagunes et heurtée par un fort ressac, semble d'abord inhospitalière. Mais les plateaux de l'intérieur, qui s'élèvent doucement jusqu'à 1 000 mètres, offrent un climat tempéré et une végétation abondante. Les populations, en grande partie fétichistes, sont plus douces que les musulmans du Sénégal ; les Dahoméens seuls font exception. Elles sont aussi plus laborieuses, élèvent un bétail assez nombreux, se livrent à la culture encore sommaire du millet, de la kola, des arachides, à l'extraction ou au lavage des parcelles d'or que contiennent le sol ou le sable des rivières, à l'exploitation des gommes et caoutchoucs des forêts. Dirigées par des Européens, les cultures pourraient s'étendre et comprendre entre autres le cotonnier, le caféier et la canne à sucre.

La *Cochinchine* (v. carte, p. 100) est aussi malsaine que la Guinée, mais infiniment plus productive. La population très dense est laborieuse, vouée de vieille date à l'agriculture, très apte au commerce, relevée par la civilisation kmère et mongole ainsi que par la religion bouddhique. Elle tire le meilleur parti des alluvions coupées d'arroyos ou bras du delta de *Mékhong* et y entretient d'immenses rizières, qui nourrissent les habitants et fournissent à une grande exportation. La Cochinchine, marécageuse et située à 10° de l'équateur, est essentiellement le pays du riz « qui pousse les pieds dans l'eau et la tête dans le feu ». Mais elle produit aussi les denrées des tropiques (canne à sucre, coton, vanille, café, indigo, épices); de plus elle élève le ver à soie, et offre dans ses forêts des bois précieux pour la construction ou l'ébénisterie (bambou, teck, thuya, etc.). Elle représente un beau type de colonie d'exploitation. — Le *Cambodge*, moins marécageux, pénétré par une petite mer intérieure, le lac *Tonlé-sap*, qui communique avec le Mékhong par un canal naturel, le *Mé-sap*, est moins insalubre et presque aussi fertile que la Cochinchine. Le régime social a seul empêché jusqu'à ce jour la pleine mise en valeur du sol, qui produit aussi le riz, la canne à sucre, le coton, etc.

Résumé. — En résumé, l'Empire colonial français, reconstitué depuis 1830, compte en 1870 :

Une *superficie* de 900 000 kilomètres carrés ;

Une *population* de 2 820 343 habitants.

2° COMMERCE, MARINE, FINANCES

Commerce. — Les productions des colonies dites anciennes, tout en augmentant de valeur, ne procurèrent pas tout profit à la métropole. En voici les raisons :

La plus importante de ces productions, le *sucre*, qui en 1789, représentait le tiers de l'importation coloniale (61 sur 185 millions) se trouva entrer en concurrence avec un nouveau produit de la métropole, le sucre de betterave, dont la production de 1828 à 1846 s'éleva de 3 à 120 millions de kilog. Rien ne fut plus difficile que de régler cette rivalité ; plus de vingt lois y essayèrent sans succès. Sous l'influence des tarifs prohibitifs établis contre les sucres étrangers, la culture de la canne à sucre prit aux colonies une extension égale à celle de la betterave en France. Mais quand, vers 1850, les sucres étrangers (surtout ceux de Java et de Cuba) furent admis à égalité de droits avec les sucres français, la production coloniale, mal outillée, manquant de bras depuis l'abolition de l'esclavage, subit un vrai désastre. A la Guadeloupe, la production du sucre tomba de 37 millions de kilogr. en 1847 à 13 millions en 1852. — Le *café*, l'*indigo*, le *cacao*, qui avaient été négligés pour la canne à sucre, reprirent faveur après 1860, surtout à la Réunion, mais sans prendre assez d'extension pour suffire au marché métropolitain. — D'autre part, les traités de commerce de 1860 et la rupture du pacte colonial en 1861 eurent pour résultat immédiat de diminuer sensiblement l'importation métropolitaine dans les colonies. A la Réunion, par exemple, le commerce français tomba de 17 millions en 1862 à 9 millions en 1870, tandis que le commerce étranger s'élevait à 13 et 15 millions.

Mais si le profit commercial des anciennes denrées coloniales subit cet affaissement, les nouvelles colonies apportaient sur le marché de nouveaux produits dont l'emploi, de plus en plus généralisé, accrut singulièrement la fortune nationale. Ce furent :

Comme *denrées alimentaires* : le riz de Cochinchine, le poivre et le sucre de palme du Cambodge, le manioc des îles océaniennes et des côtes d'Afrique, l'huile de Guinée et du Sénégal, les céréales, vins et fruits (oranges, dattes, etc.) d'Algérie, la noix de Kola du Sénégal, la noix de coco d'Afrique et d'Océanie.

Comme *denrées industrielles* : le caoutchouc, la gomme, l'huile d'arachide et de palme, l'ivoire du Sénégal et de Guinée, les cuirs d'Algérie, du Sénégal, de Madagascar, les laines d'Algérie, les bois (chêne-liège, santal, ébène, bambou, etc.), d'Algérie et de Cochinchine.

Comme *produits minéraux* : l'or du Sénégal et surtout

de Guyane, où les premiers *placers* ont été créés dans la vallée de l'Approuague en 1853 et 1855 par le Brésilien Paolino et le Français Félix Couy ; le fer d'Algérie (33 mines exploitées en 1875 ; mine de Mokta-el-Hadid, près de Bône) ; l'or, le cuivre, le nickel, le chrome, le cobalt de la Nouvelle-Calédonie, etc.

De plus, trois des nouvelles acquisitions coloniales, l'Algérie, la Cochinchine et le Cambodge, ont une population indigène importante (environ 5 millions) ; elles offrent donc au commerce français un marché d'écoulement pour les *produits industriels*. D'autre part, le commerce se fait par échanges dans tous les nouveaux pays, moins l'Algérie : c'est donc un débouché pour certains produits très rémunérateurs, comme les guinées (toiles de coton teintes en bleu) qu'essaie d'accaparer l'industrie rouennaise, les eaux-de-vie, le tabac, les armes, les verroteries, etc.

En 1870, le commerce total des colonies dépasse 550 *millions*, tant avec la métropole qu'avec l'étranger. Ce dernier, il est vrai, y figure pour plus de 200 millions représentant surtout l'importation. — En 1787, on se le rappelle, ce commerce était de 436 millions et l'étranger n'y comptait que pour 33 millions.

Marine. — La *marine militaire* est alors de 400 navires de tout rang. — La *marine marchande* s'est naturellement développée en proportion de l'empire colonial. Le trafic avec les colonies occupe, en 1870, 5 200 navires français jaugeant 660 000 tonnes ; mais la navigation étrangère est représentée par 5 800 navires.

Finances. — Quant aux *finances*, il ne faut pas s'attendre à ce qu'elles aient fait de grands profits. En ce siècle, en effet, on n'a connu que la colonisation officielle et le Trésor en a seul supporté les frais. La conquête de l'Algérie, de 1830 à 1847 seulement, n'a pas coûté moins de 70 *millions* (en prenant pour moyenne annuelle les 4 086 801 francs inscrits au budget de 1840). De plus, l'entretien, dans les premiers temps d'exploitation, est toujours coûteux et ne peut être compensé par les profits. L'Algérie, en 1869, coûte à la métropole 22 millions et a un revenu qu'elle emploie de 15 millions. Le budget de 1842, établi d'après la loi de 1841 qui fixe les droits de souveraineté à la charge de l'État, prévoit en dépenses 14 millions, en recettes 5 millions, soit une contribution de 8 millions pour l'entretien des colonies. Cette contribution a toujours été en augmentant : 15 025 507 en 1854, 21 244 547 en 1860, 26 563 122 en 1870. — Mais, s'il est vrai que les colonies ont surtout pour utilité d'accroître le trafic national, c'est par l'élévation progressive des revenus des douanes que le Trésor se rembourse des avances en frais de conquête et d'entretien qu'il leur a faites. Or, les douanes, qui produisaient 18 millions en 1802, ont été prévues pour 1870 à 73 200 000 francs, et beaucoup de denrées coloniales ne sont pas taxées.

RÉSUMÉ DE LA QUATRIÈME PÉRIODE

I. Le régime ou l'administration.

1. Les décrets du 19 avril 1801 et du 16 juin 1802 ont rétabli l'ancien régime aux colonies, avec toutes ses conséquences : centralisation, esclavage, pacte colonial, régime des ordonnances. — Les ordonnances de 1825 et 1827 ont créé une administration coloniale toujours subsistante : *gouverneur, commissaire-ordonnateur, directeur général de l'intérieur, procureur général, contrôleur, conseil privé, conseil général.* — La loi du 25 juin 1851 définit les *droits de souveraineté* (administration, défense, justice, cultes, instruction) et les met à la charge de la métropole. — La

constitution de novembre 1848 *abolit l'esclavage*, et le décret du 30 avril 1849 règle l'indemnité payée aux propriétaires d'esclaves ; des décrets de mars et avril 1848 rendent aux colons le droit électoral (suffrage universel) et le droit de représentation. — Le décret organique de juin 1854, toujours en vigueur, soumet trois colonies (Martinique, Guadeloupe, Réunion) au *régime de la loi* pour les droits politiques, la propriété et la justice, les autres au *régime du décret*.

2. Le pacte colonial et le régime exclusif durent jusqu'en 1861. La loi du 3 juillet 1861 *ouvre les colonies au commerce étranger ;* le sénatus-consulte du 4 juillet 1866 autorise l'*octroi de mer* sur tous produits.

En 1870, *persistance de l'ancien régime* au point de vue politique et administratif — *nouveau régime de liberté*, au point de vue commercial.

II. Les résultats territoriaux, commerciaux, etc.

1. **Domaine.** — De 1802 à 1815, perte provisoire de la Réunion, la Martinique, la Guadeloupe et dépendances, établissements de l'Inde, Guyane, Saint-Louis et Gorée — perte définitive de la *Louisiane, Saint-Domingue, Ile-de-France, Tabago, Sainte-Lucie, Iles ioniennes.*

De 1830 à 1870, acquisition de l'*Algérie* (1830-58), *Gabon* 1839, *Nossi-Bé* et *Mayotte* 1841-1843, *Tahiti, Iles sous le Vent* et îles *Wallis* 1842, *Nouvelle-Calédonie* 1853, *vallée du Sénégal* 1854-1863, *Assinie, Grand-Bassam* et *Dabou* 1842, *Obock* 1856, *Cochinchine* 1858-60-67, *Cambodge* 1863. — Total : 900 000 kil. c., 2 800 000 hab.

2. **Commerce.** — Sucre, café, indigo, cacao, riz, épices, huile de palme, noix de kola, arachides — caoutchouc, gomme, ivoire, cuirs, laines, bois — or, fer, cuivre, nickel. — Total (1870) : 550 millions, dont 200 millions avec l'étranger.

3. **Marine** militaire : 400 navires — marine marchande 5200 navires français et 5800 étrangers.

4. **Finances.** — Contribution de la métropole pour les colonies : 8 millions (1842), 15 millions (1854), 21 millions (1860), 26 millions (1870). — Douanes élevées de 18 millions (1802), à 73 millions (1870), malgré les franchises pour sucres, mélasses, confitures, café, cacao.

CHAPITRE V

L'EMPIRE ACTUEL

I. — Le régime ou l'administration.

Depuis 1870, il a été fait beaucoup de conquêtes et peu de réformes. Le régime administratif, législatif et commercial est celui de la période précédente ; il n'a été innové que dans l'ordre politique. — Toutefois, des décrets et statuts spéciaux ont constitué les récentes acquisitions ; une législation nouvelle a réglé un nouveau genre de colonies, les *protectorats*.

1° **Législation politique.** — On est revenu, après 1870, à la tradition de la Révolution, déjà reprise en 1848.

Représentation. — Le décret du 8 septembre 1870 rétablit la *représentation des colonies* au Parlement métropolitain. La Constitution de 1875 et la loi électorale du 24 décembre 1875 accordèrent d'abord un sénateur et un député à la Martinique, à la Guadeloupe, à la Réunion et aux établissements indiens ; puis, des lois successives en 1879 et 1881 donnèrent un député à la Guyane et au Sénégal, un député à la Cochinchine et deux (au lieu d'un) à la Martinique, la Guadeloupe et la Réunion. Enfin, la loi du 16 juin 1885 fixa à 14 (10 députés, 4 sénateurs) le nombre des représentants des colonies.

Assemblées locales. — La *représentation locale* a de même été ramenée au droit politique de la métropole, c'est-à-dire à l'*élection par le suffrage universel*. Toutefois, les conditions d'éligibilité sont encore celles qu'ont fixées la loi du 22 juin 1833 et le décret du 3 juillet 1848, savoir : vingt-cinq ans d'âge, un an de domicile dans la colonie et l'inscription au rôle des contributions directes.

Des *conseils généraux* de 36 membres sont élus de cette façon à la Martinique, la Guadeloupe et la Réunion. Leurs attributions sont à peu près celles que la loi du 10 août 1871 donne aux conseils généraux de France.

De 1880 à 1885 ont été créés : en Guyane et au Sénégal, un conseil général de 36 membres ; dans l'Inde, un de 30 membres, élus par trois catégories d'électeurs (européens, Indiens renonçants à la loi hindoue et Indiens non renonçants) ; en Cochinchine, un de 16 membres ; à Saint-Pierre et Miquelon, un de 12 membres ; un enfin de 18 membres pour les établissements d'Océanie.

La Guinée, le Gabon-Congo, Mayotte et Nossi-Bé sont les seules possessions qui restent à doter d'un conseil.

La loi sur l'*administration municipale* a été rendue exécutoire à la Martinique, la Guadeloupe et la Réunion (art. 165). Un décret de la même année établit le même régime à Saint-Pierre et Miquelon, au Sénégal, à la Guyane, à Nouméa. Aux Indes, un décret du 12 mars 1880 impose pour les conseils municipaux les mêmes règles d'élection que pour le conseil général. A Saïgon, le conseil municipal comprend onze membres français et 4 indigènes, élus dans les deux groupes de population ; dans les autres centres de la Cochinchine ou de l'Indo-Chine, la commune est restée annamite, c'est-à-dire formant une petite république oligarchique où les seuls citoyens actifs sont ceux qui paient l'impôt foncier.

— En *Algérie*, on distingue trois sortes de communes : les *communes de plein exercice* assimilées à celles de France (209 en 1881), les *communes mixtes* gérées par un administrateur civil assisté d'un adjoint indigène ou *caïd* et d'un conseil de notables ou *djemââ* (76 en 1886), les *communes indigènes* soumises à l'autorité militaire (16 en 1884).

2° **Régime administratif.** — La diversité et l'excès, pour ne pas dire la confusion et la profusion, sont le caractère de l'administration coloniale. La cause en est dans le maintien du décret de 1854 qui distingue les colonies au régime de *la loi* et les colonies au régime *du décret*.

Administration centrale. — *L'administration centrale*, réorganisée par les décrets du 11 janvier 1885 et 4 septembre 1889 forme un service indépendant annexé soit au ministère du Commerce, soit au ministère de la Marine et dirigé par un *sous-secrétaire d'État*. Un *conseil supérieur* créé le 19 octobre 1883 donne son avis sur toutes les questions coloniales : il comprend les sénateurs et députés des colonies, 5 délégués pour la Nouvelle-Calédonie, Tahïti, Saint-Pierre et Miquelon, Mayotte et Nossi-Bé, 15 membres nommés pour 3 ans par le Président de la République, 13 hauts fonctionnaires du conseil d'État et des ministères, 5 présidents de chambres de commerce, en tout 52 membres. Les *protectorats* (Tunisie, Madagascar, Annam) sont rattachés au ministère des Affaires étrangères.

Personnel colonial. — L'autorité métropolitaine dans les colonies, ainsi que l'a définie l'ordonnance de 1825 (armée, marine, administration, justice et police, relations diplomatiques) est exercée :

Par un *gouverneur* dans la plupart des colonies (Algérie, Martinique, Guadeloupe, Guyane, Sénégal, Réunion, Inde, Cochinchine, Nouvelle-Calédonie, établissements d'Océanie); — par un *commandant* dans les possessions moins importantes (Saint-Pierre et Miquelon, golfe de Guinée, Obock, Mayotte, Nossi-Bé); — par un *résident* accrédité auprès du gouvernement local dans les pays de protectorat (Tunisie, Madagascar, Annam) — par des *délégués* du gouverneur ou des *résidents* dans les colonies à grande étendue et fractionnées : préfets et sous-préfets en Algérie, lieutenant-gouverneur dans les rivières du Sud, commandant supérieur du Haut-fleuve, au Sénégal, commandant particulier de la Côte-d'Or, commandant particulier de Kotonou, résident de Sainte-Marie de Madagascar, chefs du service administratif à Chandernagor, Karikal, Mahé, Yanaon, résident général au Cambodge, résidents particuliers au Tonkin, résident aux Iles Loyauté, résidents aux Marquises, Touamotou et Gambier.

L'Algérie, vu son importance, a une législation spéciale établie en 1878 et novembre 1881. Elle est divisée en 3 départements complètement assimilés à ceux de la métropole dans la région du Tell. Mais un *gouverneur civil*, correspondant avec chacun des ministres, centralise cette administration [1]. De plus, le *commandant en chef* du 19ᵉ corps d'armée dirige les subdivisions militaires et les bureaux arabes, dans la région au delà du Tell. — De même le Tonkin, l'Annam, la Cochinchine et le Cambodge ont été réunis en un *gouvernement général de l'Indo-Chine*, dont le titulaire a des attributions plus étendues qu'ailleurs, comme la nomination directe du personnel (décret du 21 avril 1891).

1. Il est question de réformer ce système dit « *du rattachement* » et de donner au gouverneur, correspondant avec le seul ministre de l'Intérieur, une plus grande initiative (rapport de M. Ferry au Sénat, novembre 1892).

Auprès des gouverneurs sont des *conseils privés*, ayant un rôle consultatif, composé des hauts fonctionnaires, chefs de service et de membres choisis parmi les notables de la colonie.

Les chefs de service faisant partie du conseil privé sont : le *commandant supérieur des troupes* (Sénégal, Cochinchine), le *commandant militaire* (Nouvelle-Calédonie), le *commandant de la marine* (Sénégal, Cochinchine), le *directeur de l'intérieur* (appelé chef de service à Saint-Pierre et Miquelon, Mayotte, Nossi-Bé et Gabon), le *chef du service judiciaire* (procureur général aux Antilles, à la Guyane, dans l'Inde, en Cochinchine ; président de cour d'appel au Sénégal ; procureur de la République à Saint-Pierre et Miquelon, Nouvelle-Calédonie, Tahiti ; juge unique au Gabon, à Mayotte et Nossi-Bé), enfin le *directeur du service pénitentiaire* (Nouvelle-Calédonie et Guyane).

Les autres *fonctionnaires* ne faisant pas partie du conseil privé sont : le chef du service administratif de la marine, le directeur de l'artillerie, le chef du service de santé, le trésorier-payeur, le chef du service religieux (évêque aux Antilles, à la Réunion, en Algérie et Tunisie ; préfet apostolique en Guyane, au Sénégal, dans l'Inde ; supérieur ecclésiastique à Saint-Pierre et Miquelon ; vicaires apostoliques indépendants en Cochinchine, Nouvelle-Calédonie, Gabon, Tahiti) ; le vice-recteur (Martinique, Réunion) ; le protecteur des immigrants (Réunion).

L'ancien *contrôle* de 1827-28 a été réorganisé le 23 juillet 1879. Le corps des inspecteurs coloniaux est rattaché au corps de l'Inspection des services administratifs et financiers de la marine. Il est permanent ou mobile : Saint-Pierre et Miquelon, Mayotte, Nossi-Bé, Tahiti et le Gabon-Congo sont les seules colonies qui n'aient pas d'inspecteurs permanents.

3° **Administration financière.** — L'administration financière reste dans l'ensemble réglementée par le sénatus-consulte du 4 juillet 1866 généralisé ou réformé, suivant les cas, par des décrets postérieurs. Elle comporte deux divisions : 1° *le budget colonial métropolitain;* 2° les *budgets locaux.*

Budget métropolitain. — *Le budget colonial métropolitain* est établi annuellement par la loi de finances. Il comprend :

1° En *dépenses :* les traitements du gouverneur, du personnel de la justice et des cultes, du trésorier-payeur, et les dépenses militaires (pour la Martinique, la Guadeloupe, la Réunion, Saint-Pierre et Miquelon, la Nouvelle-Calédonie, Tahiti, la Guyane); le traitement du personnel indigène (pour le Sénégal); celui du commandant et du chef du service administratif (pour le Gabon); les frais de l'exposition coloniale (rendue permanente et autonome par décrets du 2 décembre 1858 et 25 juin 1861), le service pénitentiaire, les subventions sous différentes formes accordées aux services locaux, les missions coloniales.

2° En *recettes :* les contingents fixés par la loi (dans les trois colonies dites anciennes et en Cochinchine) ou par simple décret, le produit des ventes ou cessions d'objets payés sur les fonds de l'État, les cessions de transports faits par l'artillerie dans les colonies, les fruits du domaine de l'État dans les colonies de Saint-Pierre et Miquelon, Nouvelle-Calédonie et îles océaniennes (ailleurs ils sont abandonnés aux budgets locaux[1]).

Budgets locaux. — Les *budgets locaux* sont établis par

---

1. Le budget de 1892 établit les dépenses à 56 317 347 fr., et à 120 455 871 fr. en y comprenant les dépenses de l'Algérie et des pays de protectorat. Il évalue les recettes à 53 146 403 fr. — Soit un excédent de dépenses de 67 309 468 fr.

les conseils généraux des colonies, mais ne sont exécutoires qu'après approbation par décret délibéré en
conseil d'État. Ils comprennent :

1° En *dépenses obligatoires :* les dépenses assimilées à
celles des départements métropolitains (loyer et mobilier
de l'hôtel du gouverneur, des établissements publics,
etc.); les traitements du personnel de la direction de l'intérieur et du secrétariat du gouverneur : les frais du
matériel des cultes ; l'entretien du personnel et du
matériel de l'instruction publique, de la police générale ;
les frais du rapatriement des immigrants ; les contingents pécuniaires fixés par la métropole ; enfin un fonds
variable déterminé par le ministre, pour les dépenses
imprévues,

2° En *recettes :* les fruits abandonnés du domaine de
l'État ; les subventions déterminées par la loi budgétaire;
le produit des contributions et taxes imposées par le
conseil général ; les tarifs de douanes et d'octrois de mer ;
les emprunts autorisés.

Le budget de 1892 a supprimé les directeurs de l'intérieur à La Réunion, au Sénégal, à Tahïti, à Mayotte et à
Saint-Pierre et Miquelon. Leur traitement restera obliga-
toire pour les budgets locaux, mais sera assigné aux frais
du gouvernement.

4° **Régime commercial.** — Il n'a été rien innové aux
décrets de 1861 et 1863 pour le régime commercial des
colonies, jusqu'au récent décret du 31 janvier 1892
rendant exécutoires les nouveaux tarifs de douanes.

Le principe général est l'entrée en franchise dans les
colonies des marchandises françaises ou naturalisées, un
tarif de faveur ou une exemption complète pour les
denrées coloniales à leur entrée en France, l'application
du régime douanier métropolitain aux denrées étrangères

importées aux colonies. — Mais, ici encore, se présentent de nombreuses différences.

Octroi de mer. — D'abord, les colonies ont été autorisées en 1866 à établir un *octroi de mer* sur les importations de toute provenance, même française. On a maintenu ce droit, bien qu'une circulaire ministérielle de 1884 en ait sollicité l'abaissement pour les produits manufacturés nationaux en compensation des tarifs de faveur sur denrées coloniales. Perçoivent ce droit : l'Algérie, la Réunion, la Nouvelle-Calédonie, les établissements d'Océanie, le Sénégal (sur quelques marchandises seulement), la Guyane, la Martinique, la Guadeloupe, Saint-Pierre et Miquelon.

Pays de protectorat. — Les *pays de protectorat* ont un régime spécial variant avec chacun d'eux.

La *Tunisie* perçoit des droits d'entrée sur les produits français et des droits de sortie sur ses propres produits de toute destination.

Madagascar prélève, dans les ports où le service de la douane est confié aux agents du comptoir d'escompte (Tamatave, Vatomandry, Ténérive, Vohémar, Majunga, Andakabe) un droit uniforme de 10 % sur les marchandises de toute sorte et de toute origine, et un droit de sortie variable sur tous ses produits.

La *Cochinchine*, le *Cambodge*, l'*Annam* et le *Tonkin* forment une union douanière, qui reçoit en franchise les produits français, originaires ou naturalisés, et les produits des colonies françaises, à la condition qu'ils soient importés directement, et qui imposent des droits de sortie sur quelques produits indo-chinois (riz, bœufs et buffles, porcs, alcools de riz, etc.), tout en les abaissant pour la destination de France et colonies.

Possessions directes. — Les possessions directes ont un régime variant presque avec chacune d'elles.

5.

En *Algérie*, les sucres français sont exceptés de l'entrée en franchise, et les produits algériens, autres que les denrées coloniales de consommation (sucre, cacao, café, poivre) sont francs de droit d'entrée en France.

Le *Sénégal* perçoit, sous le nom de droit à l'importation (frontière du Nord), de taxes de consommation (Rufisque), et de droits d'octroi de mer (Saint-Louis et Dakar), des taxes sur toutes les marchandises aussi bien françaises qu'étrangères ; les produits du Sénégal, comme ceux des *Rivières du Sud*, de *Guinée* et du *Gabon-Congo*, sont traités comme produits étrangers à leur entrée en France ; des exemptions sont seulement accordées aux huiles de palme et de coco. *Toutes les autres colonies* importent en France avec franchise entière les produits de leur crû ; mais les denrées coloniales de consommation sont toujours exceptées et paient les droits du tarif général.

Mayotte ne lève aucune taxe sur les marchandises françaises ; *Diego-Suarez* perçoit un droit de consommation sur le rhum ; *Nossi-Bé* un droit de sortie sur les bœufs ; *Sainte-Marie de Madagascar*, un droit de consommation sur les spiritueux ; la *Réunion* un droit de sortie sur tous ses produits ; les villes de l'*Inde*, des droits de consommation sur les spiritueux, le sel, le tabac, l'opium ; la *Nouvelle-Calédonie*, des droits de même nature sur les liquides, le tabac et l'opium ; les *îles Océaniennes*, un droit de débarquement sur les nacres ; le *Gabon-Congo* n'accorde qu'une détaxe de 6 % aux marchandises françaises et frappe d'un droit de sortie tous ses produits ; la *Martinique* et la *Guadeloupe* ont aussi leurs droits de sortie sur leurs exportations ; la Martinique n'en exempte que les sucres à destination d'Amérique ; la Guadeloupe lève en outre des droits de consommation sur les produits de toute origine ; *Saint-Pierre et Miquelon* perçoit un droit sur les tabacs et boissons alcoolisées de toute provenance.

Régime douanier de 1892. — Le nouveau tarif des douanes promulgué le 31 janvier 1892 n'a pas changé ce régime assez incohérent. Une circulaire ministérielle du 3 mars, interprétant l'art. 3 de la loi, a seulement établi une division précise à l'occasion des importations étrangères dans les colonies. — La Martinique, la Guadeloupe, la Guyane, Saint-Pierre et Miquelon, le Gabon, la Réunion, Mayotte, l'Indo-Chine et la Nouvelle-Calédonie forment une catégorie, pour laquelle les marchandises importées par navires étrangers sont soumises en principe aux mêmes droits que si elles étaient importées en France, c'est-à-dire qu'elles jouiront du tarif minimum si les pays de provenance en jouissent eux-mêmes, et, dans le cas contraire, seront soumises au tarif général. Toutefois certaines tarifications spéciales pourront être accordées, à la demande des conseils généraux, par un règlement d'administration publique. — Le Sénégal et les établissement de la côte occidentale d'Afrique, les établissements de l'Indo-Chine, Obock, Diego-Suarez, Nossi-Bé, Sainte-Marie de Madagascar, Tahïti et dépendances forment une seconde catégorie, pour laquelle rien n'est innové et qui reste soumise au régime douanier en vigueur précédemment.

II. — Les résultats territoriaux, commerciaux et autres.

1º LE DOMAINE ET LA POPULATION

Depuis 1870, la France a triplé le domaine colonial légué par la période précédente et son expansion actuelle fait le pendant de celle qu'avait provoquée Colbert, au dix-septième siècle. Elle ne s'est lancée dans cette voie délibérément et avec esprit de suite qu'après 1880. Le mérite d'avoir conçu cette politique d'expansion coloniale revient à *Gambetta*, celui de l'avoir suivie à M. *J. Ferry* et à la Chambre de 1881-85, celui de l'avoir rendue possible et fructueuse à d'héroïques explorateurs civils ou militaires, dont la gloire est sans rivale.

On peut diviser ces acquisitions en deux groupes : 1° celles qui sont le résultat de la pénétration à l'intérieur; 2° celles qui sont le fruit de conquêtes militaires.

1° **Les pays pénétrés** (Sénégal, Soudan, Guinée, Gabon-Congo, Guyane).

Afrique occidentale. — Dans l'Afrique occidentale, la brillante administration du général Faidherbe a provoqué et préparé tous les progrès accomplis depuis.

Après de longues luttes contre *Lat-Dior* (1863-83) le protectorat est établi sur le Cayor. Il l'est en même temps sur la rive droite de la Casamance, sur le rio Nunez, le rio Cassini, le rio Pongo, etc., tandis qu'une ligne télégraphique est prolongée successivement de Saint-Louis à Dakar et Gorée d'un côté, à Podor, Saldé, Matam. Bakel et jusqu'au Niger de l'autre (1877-86), une ligne ferrée est établie de Saint-Louis à Dakar, de Saint-Louis à Bakel et au delà (1886).

En même temps, des campagnes hardies nous ouvraient le *Soudan*. Après le voyage pacifique du docteur Bayol (1881), qui va jusqu'à Timbo, et fait signer un traité de protectorat par l'almamy du Fouta, Ibrahima-Sory, le commandant Gallieni conduit une expédition contre *Ahmadou*, le sultan des Toucouleurs et fonde le poste de *Bammako*, sur le Haut-Niger (1880-81); Bayol et le lieutenant Quiquandon font reconnaître le protectorat par tous les chefs du Fouta; le colonel Borgnis-Desbordes, dans trois expéditions successives (1881-82-83), puis les capitaines Boilène (1884), Combes (1885), Frey (1886) détruisent la puissance de l'émir *Samory* qui commandait du Tankisso à Sierra-Leone et Liberia, et ils l'obligent à signer un traité, confirmé à Paris avec son fils Diaoulé (1886). Gallieni, par deux campagnes (1886-88), impose des traités de protectorat à *Ahmadou*, qui a abandonné Sego pour Nyamina dès 1884, à *Samory* qui abandonne la rive gauche du Tankisso et du Haut-Niger, et enfin aux Bambaras de Sokolo ; le commandant Archinard (1888-89) obtient un nouveau traité de Samory qui cède le *Siguiri* et le *Dinguiray ;* les lieutenants Caron (1887) et Jaime (1889) descendent le Niger sur une canonnière jusqu'à Kabara ou Korioné, le port de Timbouctou, et nouent des relations d'amitié et de commerce avec les Toucouleurs et les Maures des deux rives. Ces expéditions se poursuivent aujourd'hui (le commandant Humbert) ; mais elles s'avancent dans la boucle du Niger, dans le *Tiéba* et *le Mossi*. Là ont pénétré le capitaine Binger et Treich-Laplène, venus de la côte de Guinée, où nos établissements ont été rétablis en 1885 ; puis le commandant Monteil (1891-93) qui, nouveau Caillié, a traversé les régions du Sénégal et du Niger, les contrées du Tchad et le Sahara, pour revenir par Tripoli et Tunis. Des traités avec tous les chefs, notamment avec Karamoko-Oulé, roi de Kong, ont fait reconnaître pacifiquement notre protectorat sur toute la région.

Tous ces efforts ont été consacrés diplomatiquement. Non seulement des notifications de tous les traités ont été faites aux puissances européennes, en vertu du traité de Berlin de 1885 (art. 36-38), mais encore deux traités conclus avec l'Angleterre, le 10 août 1889 et le 5 août 1890, ont, l'un délimité les possessions respectives dans les rivières du Sud, l'autre établi la *zone d'influence* de la

France dans l'Afrique occidentale. Cette zone d'influence s'étend de l'Algérie au golfe de Guinée et de la mer au méridien du lac Tchad, en exceptant le Maroc, la Gambie, le Sierra-Leone, la région du Bas-Niger, en aval de Saï. — Des traités particuliers avec le Portugal, 12 mars 1886, et avec l'Allemagne, 24 décembre 1885, ont aussi délimité les enclaves, d'ailleurs peu étendues, appartenant à ces deux pays, le Bissagos et le Popo. — Enfin, un traité, fort mal fait, a été conclu avec le roi de Dahomey, *Behanzin*, le 3 octobre 1890, pour établir nos droits sur la côte des Esclaves; son inexécution a provoqué la brillante campagne du général *Dodds*, qui a détruit le royaume de Dahomey et l'a transformé en possession directe ou protégée de la France (février 1892-février 1893).

Les régions ouvertes par ces expéditions et ces traités ne sont pas de simples prolongements du Sénégal ou de la Guinée. Le Sénégal et la Guinée ne sont plus que des portes d'entrée: la vraie colonie, qui n'est encore qu'une espérance, mais qui est le lot déjà reconnu de la France, se trouve entre le haut Sénégal et le lac Tchad, dans le *Soudan* occidental. Le pays, largement arrosé par la grande artère fluviale, le *Niger*, qui est navigable sur les deux tiers de son parcours de 4 000 kilomètres, et par ses affluents le *Tankisso*, le *Baoulé*, le *Sokoto* et surtout la *Bénoué* qui ouvre une voie navigable vers le lac Tchad, jouit d'un climat chaud, mais sain, dont peuvent s'accommoder les Européens. Le sol, arrosé par les pluies tropicales alternant régulièrement de mai à septembre avec la saison sèche, produit le *millet*, le *sorgho*, les *arachides*, le *riz*, le *coton*, nourrit dans de verdoyants pâturages un très nombreux *bétail*, fournit une sève abondante aux grands arbres précieux, comme le *baobab*, le *palmier*, le *karité* ou arbre à beurre, aux lianes à *caoutchouc* et à toute cette végétation luxuriante qui donne aux immenses forêts de la région tropicale en général et de l'Afrique soudanienne en particulier, leur imposante beauté. La population noire (Peuls, Toucouleurs, Ouolofs, Bambaras, Mandingues), bien que musulmane et sans

AFRIQUE FRANÇAISE
Sénégal, Riv.ᵉˢ du Sud,
Côtes de Guinée, Gabon,
Congo, Zone d'influence

++++++ Limites

Afrique Française. — Sénégal, Rivière du Sud, Côtes de Guinée, Gabon,
Congo, Zone d'influence.

cesse agitée par des guerres de tribu à tribu, a accepté sans
trop de peine notre domination et parfois l'a sollicitée; elle
est intelligente et active, apte à l'agriculture et au commerce.
— La région du *lac Tchad*, cette mer intérieure qui varie
d'étendue suivant l'abondance de ses tributaires, le *Chari* et
le *Yobé*, est plus productive et plus peuplée que celle du
Niger. Mais elle est encore mal connue. Quant au *Sahara*,
qui s'étend en plaines et plateaux, sablonneux ou pierreux,
entre notre Algérie et notre Soudan, et qui se trouve dans
notre zone d'influence, il n'est d'aucune valeur agricole, bien
qu'il produise de l'alfa dans les sables, des palmiers-dattiers
dans les oasis; il offre même une très mauvaise communica-
tion entre nos possessions à cause de la chaleur excessive
ordinaire (+ 40° à l'ombre) et des dangers que font courir au
voyageur, d'une part le *simoun* et d'autre part les bandes
pillardes des *Maures* et *Touaregs* qui sont les « écumeurs du
désert ». Il se fait cependant à travers le Sahara, dans cinq
ou six directions marquées par des oasis, un important transport de marchandises par caravanes. La création de puits
artésiens ou l'établissement toujours projeté d'une voie ferrée
d'Alger à Tombouctou, pourront faire de cette contrée désolée
un trait d'union entre nos possessions de l'Ouest africain.

Afrique équatoriale. — Dans l'Afrique équatoriale,
l'Ogooué, déjà exploré par *Aymès* en 1867, est remonté
jusqu'au confluent de l'Ivindo par *Marche* et *de Com-
piègne* (1872-74), puis reconnu en entier par *Savorgnan
de Brazza* et ses compagnons *Ballay*, *Marche*, *Hamon*,
ainsi que l'Alima et la région intermédiaire du Batéké
et de l'Affourou (1875-78). De Brazza, dans une seconde
expédition, fait signer au roi des Batékés, Makoko, un
traité de protectorat (1er octobre 1880), et fonde les stations
de *Franceville*, sur l'Ogooué, et de *Brazzaville*, sur le Congo.
En 1883, après une entente avec l'Association internationale africaine, à laquelle Stanley avait essayé d'attribuer le Niari par une exploration précipitée, de Brazza
est nommé commissaire du gouvernement dans l'ouest

africain. Dès lors, il organise des postes et des stations, étend ses reconnaissances et multiplie les traités de protectorat. Il constitue enfin un immense domaine français

De Brazza.

qu'ont délimité des traités avec l'Allemagne (24 décembre 1885), avec le Portugal (12 mai 1886) et avec l'État libre du Congo (20 avril 1887). Ce domaine est sans limites au nord-est. Aussi songe-t-on, par la Sangha et l'Oubanghi, à rejoindre le lac Tchad, pour fermer dans le Soudan central le cercle de notre zone d'influence. C'est l'objectif des explorations actuelles, parmi lesquelles il convient de citer celle de *Crampel*, malheureusement interrompue; celle de *Dybowski*, restée inachevée, et l'exploration heureuse et hardie du lieutenant *Mizon* dans la vallée de la Bénoué et l'Adamaoua.

Cette immense région du *Gabon-Congo* (v. carte p. 87), qui n'a pas moins de 800 000 kil. car. de superficie, est traversée par la ligne de l'Équateur ; c'est dire que la température y est élevée, mais pas plus que dans le Soudan, et moins que dans le Sahara qui est situé sous l'équateur thermal; c'est dire aussi qu'il ne s'y peut faire d'immigration européenne. En revanche, la population nègre, relativement dense, semble plus active et plus douce qu'en aucun point de l'Afrique. Avec elle, il paraît possible d'entreprendre les grandes cultures de coton, de riz, de café, pour lesquels le sol, très fertile, semble bien approprié. En attendant, le pays offre les productions ordinaires de l'Afrique équatoriale, *gommes, caoutchouc, cocos, cuirs, huiles de palme, ivoire*. On avait espéré tout d'abord en faire un pays de transit entre la région très riche et très peuplée du moyen et haut Congo et la côte; les rapides du bas Congo empêchent en effet le débouché par le fleuve dans la possession portugaise. On comptait pour cela utiliser l'*Alima*, affluent de droite du Congo et l'*Ogooué*, grand fleuve de 1 000 kilomètres qui débouche au cap Lopez, en les reliant par un portage ou une voie ferrée de 200 kilomètres. L'insuffisance des eaux sur la plus grande partie des deux rivières a fait tomber cette espérance; elle ne pourrait être réalisée que par la construction d'une ligne ferrée entre *Brazzaville* sur le Congo d'une part et *Libreville* dans le Gabon ou *Loango* au débouché du *Quillou-Niari*, de l'autre. En attendant, on a fondé des stations agricoles et de commerce dans les régions amies du *Batéké* et de l'*Affourou*, et l'on a entrepris les explorations au nord vers le lac Tchad par les grands affluents du Congo, la *Sangha* et l'*Oubanghi*. On a déjà atteint l'Adamaoua où se trouve non seulement le point de partage entre les eaux du Soudan et du Congo, mais le point de contact entre les religions musulmane et fétichiste.

Le *territoire d'Obock*[1], délimité en 1881, vis-à-vis de l'Égypte, a été étendu par Lagarde, en 1885-88, sur Tadjourah, Ambabo, Sagallo, etc., et reconnu jusqu'à l'Harrar par un accord avec l'Angleterre conclu en 1888. Djiboutil, de création récente (1888) a déjà pris une certaine importance.

En *Guyane*[2], les explorations de Crevaux (1882), de Coudreau (1887) et d'autres encore, puis la recherche des gisements ou des sables aurifères ont étendu sur les plateaux, dans les hautes vallées de la Mana et du Maroni, une colonisation qui, depuis trois siècles, semblait rivée aux côtes.

2° **Les pays conquis** (Tunisie, Madagascar, Annam et Tonkin).

Tunisie. — En Tunisie, les razzias des Kroumirs sur le territoire algérien et les entraves opposées par le gouvernement beylical aux opérations agricoles de la Société marseillaise de l'Enfida provoquèrent l'expédition de 1881. Menée vivement par le général Forgemol, de Tabarka à El-Kef, et par le général Breart sur Bizerte et Tunis, elle aboutit au traité de Kars-el-Saïd (12 mai 1881) qui faisait reconnaître par le bey Mohammed-Sadok le protectorat de la France sur toute la Tunisie. Une nouvelle campagne du général Saussier (octobre 1881), dirigée sur Kairouan, mit fin aux résistances et aux insurrections. Le traité, fidèlement exécuté par le bey, a été reconnu par les puissances; seule, l'Italie, par son consul Maccio, y fit une résistance violente, aujourd'hui apaisée.

Madagascar. — A Madagascar, le refus de délivrer aux neveux de Laborde (mort en 1878) les biens de leur oncle

1. Pour la description, voir p. 68.
2. Pour la description voir p. 30.

et l'assassinat impuni d'un commerçant français (1882)
ont été les causes d'une rupture ouverte avec les Hovas.
La reine Ranavalo II et surtout le premier ministre
Rainilaiarivony, obéissaient d'ailleurs aux missionnaires
anglais, qui suivaient leurs traditions d'intrigues anti-
françaises. En vain, une ambassade hova à Paris essaie-

Francis Garnier.

t-elle de nous tromper; l'amiral Pierre, après l'amiral
Le Timbre, est chargé d'aller porter un ultimatum et de
commencer les hostilités. Il bombarde Tamatave (19 juin
1883), et arrête le pasteur Schaw, accusé d'empoison-
nement contre nos soldats; l'amiral Galiber prend Vohémar, Fort-Dauphin, Foulepointe; l'amiral Miot fait le
blocus des côtes, occupe les baies de Passandava et de

Diego-Suarez et tente, mais en vain, d'enlever le camp hova de Farafate. Enfin, de concert avec le consul Patrimonio, il négocie avec Digby Willougby, aventurier anglais, devenu général des Hovas, le traité du 17 décembre 1885 qui établit le protectorat français sur toute l'île et la possession directe sur Diego-Suarez, avec une indemnité de guerre de 10 millions. Le Myre de Vilers, premier résident général, a organisé ce protectorat, que l'Angleterre a reconnu par la convention du 5 août 1890.

Indo-Chine. — En Indo-Chine, c'est pour punir le vol commis par les mandarins annamites au préjudice du négociant français, Jean Dupuis, que *Francis Garnier*, l'illustre explorateur du Haut-Mekhong, fut autorisé à conduire une première expédition au Tonkin, en 1873. Elle lui coûta la vie; mais, en compensation de l'évacuation du delta et de Hanoï, elle assura la liberté de navigation sur le *Song-Koï* et l'ouverture de quelques ports (traité Philastre, 5 juin 1874). — De nouvelles iniquités provoquèrent une seconde expédition sous les ordres de *Rivière*, 1883. Elle est marquée comme la première par la mort du commandant, mais aussi par le bombardement de Thuan-An (amiral Courbet) et par l'énergique ultimatum de Harmand, gouverneur civil du Tonkin; elle est terminée, vis-à-vis du roi de l'Annam, Hiep-Hoa, successeur de Tu-Duc, par le *traité du 25 août* 1883 qui nous cède Thuan-An, nous ouvre Tourane et Xuang-Day, nous remet les douanes et nous autorise à entretenir des résidents auprès des mandarins dans les provinces.

Mais la guerre prend de grandes proportions au Tonkin, grâce à l'intervention de la Chine. Cette puissance, excitée par nos rivaux européens, revendique un droit de suzeraineté sur tous les pays d'Annam et elle soutient les *Pavillons noirs*, hordes d'irréguliers vivant, depuis la révolte et l'expulsion des Taïpings, dans les îles des Pirates et sur la côte, où leur chef Lhu-vinh-Phuoc a fait de Mong-Kaï sa capitale. La guerre nécessite l'envoi

Armand Rivière.

d'une escadre et d'une division. Après avoir, avec une brigade, pris Sontay (déc. 1883), l'*amiral Courbet*, reprenant le commandement sur mer, va avec la flotte bombarder Fou-Tcheou, s'établit à Kelung et fait le blocus de Formose. Les généraux Millot, Brière de l'Isle et Négrier prennent successivement Bac-Ninh, Hung-Hoa, Thuyen-Quan (Dominé et Bobillot), Lang-Son (panique du 28 mars 1885), etc. La Chine signe enfin les traités Fournier et Patenôtre (11 mai-6 juin 1884) qui reconnaissent notre protectorat sur l'Annam et le Tonkin. — Un guet-apens comploté à Hué contre le gouverneur général de Courcy, par les régents Nguyen-Van-Thuong et Thon-That-Thuyet (4 juillet 1885) amène une vive répression et rend plus étroite notre domination en

Amiral Courbet.

Annam. Le roi Nam-Ghi est remplacé par Dong-Khanh, puis (janv. 1889) par Than-Thaï, qui sont complètement sous notre influence ; Thuyet périt dans les montagnes où il s'était réfugié et Nam-Ghi, fait prisonnier, est interné à Alger (1888). — *Paul Bert* inaugure au Tonkin (févr. 1886) le gouvernement civil qu'il s'épuise à organiser (mort le 11 mars 1887). L'union indo-chinoise est

Paul Bert.

créée en octobre 1887 et établie successivement par MM. Constans, Richaud, Piquet, et de Lanessan.

A ces conquêtes, il faut joindre l'établissement de notre protectorat sur les *Comores* (1886), sur les *Futuna* (1887), la prise de possession directe de *Tahiti* (donation de Pomaré V, 29 juin 1880), des *Iles sous le Vent* (mars 1888), des *îles Wallis* (traité avec la reine Amelia, 19 nov.

1886), l'occupation *des îles Sandwich*, notre intervention dans les Nouvelles-Hébrides, pour punir les violences des indigènes, et la revendication de nos droits sur ce groupe, partagés à tort avec les Anglais dans la convention du 24 octobre 1887.

La *Tunisie*, *Madagascar* et le *Tonkin*, qui sont avec l'Algérie les plus importantes conquêtes du siècle, et qui représentent l'œuvre coloniale de M. Jules Ferry, ont une réelle importance politique et économique.

La *Tunisie* (v. carte, p. 62), annexe de l'Algérie, était convoitée par d'autres États et il importait de ne pas la laisser tomber en d'autres mains que les nôtres. Elle a le même climat et les mêmes productions que notre France africaine. L'*Atlas* s'y prolonge en chaînes très accentuées au Nord, dans la *Kroumirie*, et en plateaux médiocres au centre, dans la région de *El-Kef*. Au sud, est le désert avec ses chotts (*Melhrir*, *Fezdjid*) et ses oasis abondantes en *orangers* et *palmiers-dattiers*. La *Medjerda*, venue de l'Aurès algérien, y forme au nord une vallée semblable à celle du Chéliff, mais tournée à l'Orient et marquant la route des caravanes et des pèlerinages vers La Mecque. La ville de *Tunis*, admirablement assise sur les rives d'un golfe, dont l'entrée étroite est protégée par le môle de *La Goulette*, rappelle l'ancien port de Carthage, établi à 15 kilomètres au nord; elle est à la fois un excellent port et la tête de ligne des caravanes venues de l'ouest ou du sud. La côte, dentelée comme celle de l'Algérie, présente d'ailleurs de nombreux abris et quelques ports remarquables : *Bizerte* qui sera une grande place d'armes, une station de notre flotte, une rivale de Malte; *Sfax* et *Gabès*, importants par la pêche et le cabotage. La population arabe est d'environ un million; tribus sédentaires du nord ou nomades du sud, paraissent avoir accepté le régime du protectorat, dont ils ont promptement ressenti les bienfaits. Aussi la colonisation française a-t-elle été beaucoup plus prompte qu'en Algérie. Elle a été d'ailleurs favorisée par l'application de l'*Acte Torrens* qui a permis aux 10 000 colons français d'acquérir avec sécurité de grandes parcelles de la propriété arabe, collective ou individuelle, et de les mettre en valeur par des plantations de *vignes*.

Madagascar, qui pendant si longtemps n'a été que théori-

quément dans la dépendance coloniale de la France, formé
aujourd'hui, par son étendue supérieure à celle de la métropole, par la richesse de sa végétation originale, par la salubrité
relative de son climat à l'intérieur, une de nos plus précieuses
possessions. Quand on quitte les côtes marécageuses et
malsaines, où nous nous sommes trop longtemps attardés, on

Madagascar et dépendances.

s'élève progressivement sur des plateaux, comme celui de
Imerina ou *Emirne*, où s'élève la capitale hova *Tananarive*, et
l'on trouve une région montagneuse, aux chaînes enchevêtrées,
qui occupe tout le centre de l'île, du nord au sud, plus rappro-
chée de la côte orientale et septentrionale qu'elle surplombe
parfois directement comme aux baies d'*Antongil*, de *Diego-
Suarez*, de *Passandava*, plus éloignée de la côte occidentale
vers laquelle elle descend en longues pentes parcourues par
des rivières importantes, le *Betsiboka*, le *Betsiriry*, le *Mangoka*.
Le sol et le climat engendrent une végétation extrèmement
remarquable par sa vigueur, par sa variété et par son originalité. Les espèces d'arbres et de plantes particulières à l'île
se comptent par centaines ; ainsi le *ravénala* ou arbre du
voyageur, qui conserve la pluie en gouttes dans ses pétioles,
le *raphia* qui porte des fruits pesant 300 livres, etc. Les produc-

tions les plus variées se rencontrent dans les différentes régions, suivant l'altitude : *riz, coton, café, épices, canne à sucre, arachides, orangers, citronniers, vignes, céréales,* etc. Les *pâturages* sont abondants et nourrissent un nombreux bétail qui, par les cuirs et cornes, alimente principalement le commerce extérieur. Il existe aussi de riches gisements de fer et de houille dans la partie nord de l'île. Malheureusement, des entraves constantes sont apportées à l'exploitation agricole et industrielle par la tribu des *Hovas*, qui, bien qu'étrangère (elle est d'origine polynésienne) et en minorité (1 million sur 4 millions) opprime les tribus indigènes des *Sakalaves, Antakares,* etc., très douces et amies de la France. Toutefois, la colonisation française peut se développer librement à *Diego-Suarez*, qui est une possession directe, au territoire non délimité et qui forme une importante station navale dans la mer des Indes.

L'*Annam* et le *Tonkin*, avec la Cochinchine et le Cambodge, représentent presque la moitié de la presqu'île indo-chinoise, dont l'autre moitié est partagée entre le royaume libre de Siam et les possessions directes ou protégées de l'Angleterre. Avec de l'énergie et de l'esprit de suite, la France pourrait reconstituer là son empire des Indes, qu'elle s'est maladroitement laissé enlever au siècle dernier. L'*Annam*, pays montagneux, est la partie la moins productive et la moins peuplée (5 millions). Il offre cependant sur les crêtes qui s'étendent entre le Mekhong et la mer, de belles forêts aux essences précieuses (*acacia-cachou, arbre à vernis, bois de teck,* etc.) et dans les plaines basses, les cultures riches, telles que *céréales, riz, café, canne à sucre, tabac, bétel,* etc. Sur la côte, au sud de *Hué*, la capitale, s'ouvre l'excellente baie de *Tourane*. — Le *Tonkin*, qui compte au moins 10 millions d'habitants sur un territoire de 100 000 kilomètres, est un pays essentiellement agricole. Arrosé par le *Song-Koï* ou Fleuve Rouge et par ses affluents la *Rivière Noire* et la *Rivière Claire*, il n'est, à partir de *Son-Tay*, qu'une plaine d'alluvions rappelant la Cochinchine. Là se trouvent la principale agglomération, les plus grandes villes (*Hanoï, Haïphong*), la culture la plus intense : *rizières, champs de blé ou de maïs, de cannes à sucre, de café, de tabac,* alternant avec les plants de *thé,* de *mûrier,* de *cotonnier,* ou bien avec les haies de *bambous* et avec les jungles où paissent les troupeaux de *buffles*. A l'intérieur, sur les plateaux boisés des

Dix-Mille-Monts, dans la haute vallée du Song-Koï et même près de la côte, on a reconnu des gisements étendus de *fer*, de *cuivre*, d'*étain*, et surtout de *houille* affleurant la surface. Cette richesse minérale constitue là supériorité du Tonkin

Indo-Chine française.

sur la Cochinchine. Il a cette autre encore qu'il est un pays de transit par rapport au *Yunnan*, la province la plus riche de la Chine. Il est donc une précieuse colonie de commerce, et le climat y est assez salubre pour permettre aux Européens d'y séjourner.

Résumé. — Au total, ces acquisitions ont ajouté aux

900000 kil. c. et aux 2800000 hab. possédés en 1870, un domaine tant protégé que possédé, qui compte :

En *superficie :* 2489000 kil. c. non comprise la zone d'influence (estimation la plus large 3000000 de kil. c.).

En *population :* 27157456 hab. (estimation la plus large 33000000).

Une aussi rapide extension coloniale est sans exemple dans l'histoire. Elle fait de la France la seconde puissance coloniale des temps modernes.

Les États européens, sans compter l'Asie russe et la Turquie d'Asie qui sont des prolongements d'États, possèdent hors d'Europe en colonies et protectorats, un domaine de 41138000 kil. c. peuplé de 414500000 hab.

Dans ce total, l'*Angleterre* à elle seule figure pour 20552000 kil. c. et 213918000 hab.

La France vient ensuite avec ses 2489000 kil. c. et 27157456 hab.

Après elle, les Pays-Bas, avec 1800000 kil. c. et 29800000 hab.

L'Espagne avec 430000 kil. c. et 8100000 hab.

L'Allemagne avec 704000 kil. c. et 3900000 hab.

Le Portugal avec 4800000 kil. c. et 3700000 hab. (théoriquement).

L'Italie avec 518000 kil. c. et 4600000 hab. (théoriquement.)

Le Danemark avec 194000 kil. c. et 125000 hab.

L'État libre du Congo, qui formera tôt ou tard une colonie belge (ou française) après avoir été une entreprise personnelle du roi Léopold II, compte 2241000 kil. c. et 14100000 hab. protégés.

Commerce. — En 1869 le *mouvement commercial* des colonies et possessions françaises, moins l'Algérie, s'élevait à 322 millions. En 1891, il a été de 578 900 000 ; soit une augmentation de 255 900 000[1].

Les colonies d'Afrique ont passé de 88 500 000 à 150 600 000 (augmentation : 62 100 000). Les établissements de l'Inde et de l'Indo-Chine ont élevé leurs transactions de 84 800 000 à 203 200 000 (augmentation : 198 400 000). Les colonies et possessions océaniennes ont

Possessions françaises de l'Océanie.

monté de 11 200 000 à 28 500 000 (augmentation : 17 300 000). Les Antilles et colonies d'Amérique, bien qu'anciennes, ont progressé de 137 500 000 à 196 600 000 (augmentation : 59 100 000).

Quant à l'Algérie, elle faisait en 1870 pour 297 millions d'affaires (172 600 000 à l'importation, 124 400 000 à l'exportation ; elle en a fait en 1891 pour 500 800 000 (importation 249 200 000, exportation 255 600 000), soit un progrès de 376 400 000.

1. D'après les rapports de MM. Boulanger, au Sénat, Delcassé et Burdeau à la Chambre (budget de 1892).

Ce progrès porte à 632 300 000 l'augmentation totale du commerce national, dans une période de vingt ans.

Malheureusement, tout ce trafic ne profite pas à la France. Le commerce extérieur, chez nous, est languissant, faute de renseignements sans doute et faute d'entraînement. Tandis que l'Angleterre approvisionne ses colonies dans la proportion de 80 à 90 %, la France, sur un total d'importations dans ses colonies s'élevant à 222 501 752 fr. ne fournit que pour 72 188 732 fr. de produits, soit 33 % ou le tiers à peine !

Marine. — La *marine marchande* employée à ce trafic comptait 11 000 navires en 1870 et 16 000 en 1890, et le tonnage a décuplé (1 à 10 millions de tonnes). Malheureusement, malgré les primes, le pavillon français n'est représenté que par 7 000 navires et cinq millions et demi de tonnes (dont 3 500 000 pour l'Algérie), contre 9 000 navires et trois millions et demi de tonnes aux pavillons étrangers. Il est vrai que, dans ces derniers temps, on a créé des lignes postales régulières, en général bimensuelles, qui relient par pavillon français la France avec toutes ses colonies, moins Tahiti. De plus, toutes les colonies, sauf cinq (Calédonie, Tahiti, Réunion, Mayotte et dépendances, Diégo-Suarez et dépendances) sont unies à la métropole par fil télégraphique.

Quant à la *marine militaire*, on sait les grands progrès qu'elle a faits dans la seconde moitié de ce siècle. Malgré les critiques dont elle est l'objet, malgré son insuffisance démontrée vis-à-vis d'une certaine coalition maritime européenne, elle n'en est pas moins la seconde force maritime de l'Europe et largement suffisante pour assurer la surveillance, sinon la défense complète, de nos colonies. Elle compte, en effet, 513 navires de tout genre et un équipage de 38 671 marins.

Finances. — Les ressources financières des colonies ont augmenté en proportion de leurs affaires commerciales. En 1869, les colonies consacraient à leurs dépenses locales une somme de 26 395 246 fr. : leurs ressources en 1891 s'élèvent à 105 640 479 fr., soit une plus-value

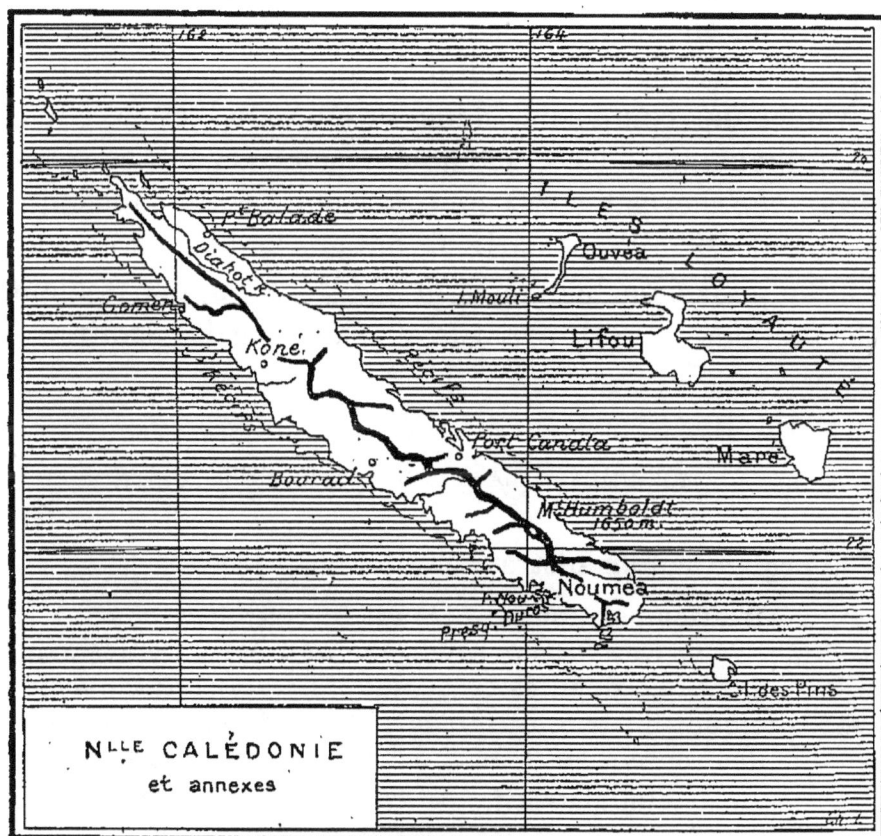

Nouvelle-Calédonie et annexes.

de 79 245 233 fr. Dans cet accroissement, le Sénégal figure pour 2 millions, le Congo pour un $1/2$ million, l'Inde pour 1 million, la Nouvelle-Calédonie pour 2, 3 millions, la Guadeloupe pour 3, 5 millions, la Cochinchine pour 20 millions.

Ces augmentations des revenus coloniaux n'ont pas empêché la métropole d'élever sans cesse ses dépenses coloniales. Fixées à 26 563 122 fr. en 1869, elles atteignent 67 309 468 fr. en 1892. Mais dans ce dernier chiffre, figurent pour 12 millions les services de la transportation et de la relégation, qui sont d'intérêt exclusivement métropolitain (loi de 1883); près de 9 millions représentent des dépenses militaires ou maritimes, qui existeraient au moins en partie, quand la France n'aurait pas de colonies; les dépenses d'administration et les subventions diverses ne composent donc pas un budget excédant 45 millions. Ce n'est évidemment pas exagéré pour un profit commercial aussi considérable. Les douanes, qui étaient de 73 millions en 1870, ont été évaluées à plus de 450 millions dans le budget de 1892; elles dépassaient 300 millions en 1891, avant la surélévation des droits.

RÉSUMÉ DE LA CINQUIÈME PÉRIODE

I. Régime ou administration.

1. **Législation politique.** — *On est revenu après 1870 à la tradition de la Révolution: représentation* des colonies dans le Parlement (14 députés et sénateurs); *suffrage universel* avec quelques restrictions d'âge et de séjour: autonomie relative des *conseils généraux*, des *conseils municipaux*.

2. **Régime administratif.** — Administration centrale: *sous-secrétariat des colonies, conseil supérieur* des colonies (52 membres); rattachement des *protectorats* au Ministère des affaires étrangères. — Administration locale très encombrée: *gouverneurs, commandants* ou *résidents; gouverneur civil, préfets* et *sous-préfets, bureaux arabes* en Algérie; *gouverneur général de l'Indo-Chine; conseils privés; commandants* militaires et maritimes, *directeurs* de l'intérieur, *chefs du service judiciaire, directeurs du service pénitentiaire*, etc., etc.

3. **Administration financière.** — *Budget colonial métropolitain* payant les dépenses dites de souveraineté, recevant

les contingents coloniaux et les produits du domaine. Le budget de 1892 évalue les dépenses, avec l'Algérie et les protectorats, à 120 455 871 fr., les recettes à 53 146 403 fr., d'où un excédent de dépenses de 67 309 468 fr. — *Budgets locaux* établis par les conseils généraux, sauf approbation, payant les dépenses obligatoires fixées par la loi départementale de 1871 et les dépenses facultatives, recevant les subventions métropolitaines, le produit des contributions et taxes, des tarifs de douanes et des octrois de mer.

4. **Régime commercial.** — Grande incohérence ; octrois de mer perçus dans 9 colonies ; droits d'entrée sur produits français dans 5 ; droits de sortie dans presque toutes ; union douanière indo-chinoise ; régime de 1892 appliqué dans 9 colonies, et non dans les 8 autres (circulaire du 3 mars 1892).

II. Résultats territoriaux, commerciaux, etc.

1. **Domaine.** — *Pénétration* dans le haut Sénégal, le Timbo, le haut Niger, le Soudan, les rivières du Sud, la Guinée, le Dahomey et le pays de Kong (*Bayol, Gallieni, Borgnis-Desbordes, Archinard, Caron, Binger, Monteil, Dodds*), reconnue par la convention anglo-française du 5 août 1890 qui établit la *zone d'influence* de la France — dans le Gabon-Congo (*Savorgnan de Brazza, Crampel, Dybowsky, Mizon*), délimitée par traités avec l'Allemagne (1885), le Portugal (1886), l'Etat libre du Congo (1887) — dans la région d'Obock (*Lagarde*) — dans la Guyane (*Crevaux, Coudreau,* etc.).

Conquête de la Tunisie 1881 (*Forgemol, Bréart, Saussier*), terminée par le traité de Kars-el-Saïd, 12 mai 1881 — de Madagascar 1883-85 (*Pierre, Le Timbre, Galiber, Miot*), terminée par le traité *Patrimonio,* 17 décembre 1885 — de l'Annam et du Tonkin 1873-85 (*Jean Dupuis, Garnier, Rivière, Courbet, Millot, Brière de l'Isle, de Négrier, de Courcy*) reconnue pour l'Annam par le traité du 25 août 1883, pour le Tonkin par le traité *Patenôtre,* juin 1884, avec la Chine.

Total : *superficie :* 2 489 000 k. c. — *Population :* 27 157 456 (En 1870 : 900 000 k. c., 2 800 000 hab.).

2. **Commerce.** — Total en 1891 : 1 578 900 000 fr., moins

l'Algérie qui compte pour 500 800 000, soit en tout : 1 079 700 000 (en 1870 : 619 000 000). Mais dans l'importation aux colonies qui se chiffre par 222 501 752 fr., la France ne compte que pour 72 188 732, soit le tiers à peine.

3. **Marine** *militaire :* 513 navires, 38 671 matelots — *marchande :* 16 000 navires, 10 000 000 tonnes (navires étrangers abordant dans nos colonies : 9000 jaugeant 3 500 000 tonnes).

4. **Finances.** — Ressources locales en 1891 : 105 640 479 fr (26 395 246 en 1869). — Contribution de la métropole en 1892 : 67 309 468 (26 563 122 fr. en 1869). — Douanes élevées de 73 000 000 (1870) à 450 000 000 (1892).

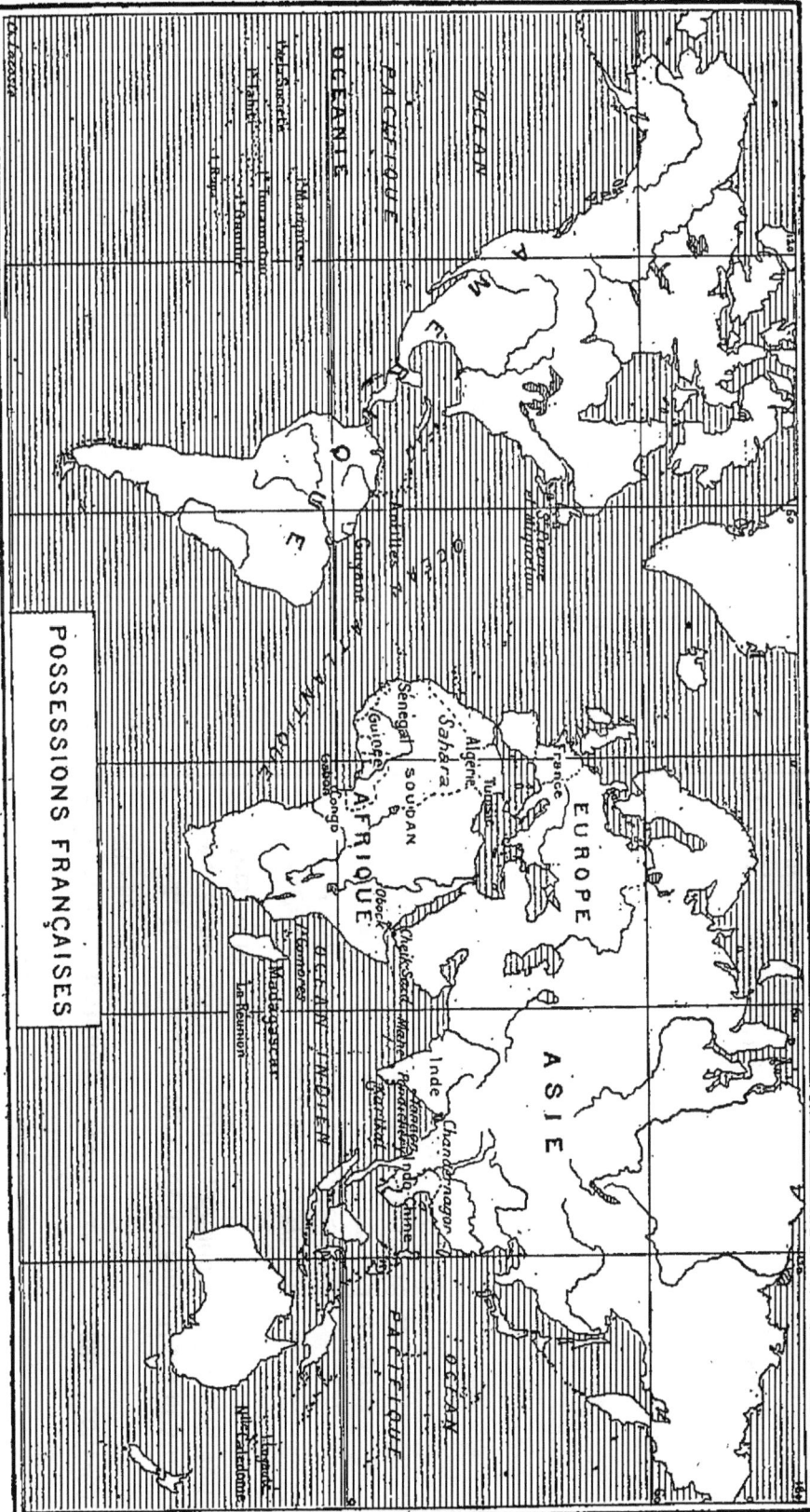

POSSESSIONS FRANÇAISES

Amérique.

Saint-Pierre et Miquelon........ XVIIe s., 1713.
Antilles....................... XVIIe s. (1628-43).
(La Martinique; la Guadeloupe avec la Désirade, Marie-Galante, les Saintes, la 1/2 de Saint-Martin; Saint-Barthélemy, 1876).
Guyane....................... XVIIe s. (1610-56).

Afrique.

Algérie....................... 1830-58.
Tunisie....................... 1883.
Sénégal et dépendances. XVIIe-XIXe s. (1690, 1854-63, 1882-93).
(Côtes, Haut-Fleuve, Rivières du Sud, Haut et Moyen Niger, Guinée 1832, Dahomey, Soudan occidental, zone d'influence 1890).
Gabon-Congo.......... 1834, 1875-93.
Obock et Tadjoura..... 1854, 1885-88.
Madagascar............ XVIIe-XIXe s., 1883-85.
Nossi, Mayotte, Comores 1841, 1843, 1886.
La Réunion........... XVIIe s. (1648).

Asie.

Comptoirs de l'Inde. XVIIe-XVIIIe s. (1763).
(Chandernagor 1688, Yanaon 1750, Pondichéry 1683, Karikal 1739, Mahé 1726).
Cochinchine... ... 1862.
Tonkin. . ... 1883-85.
Annam............ 1883-85.
Cambodge......... 1863.

7

Océanie.

Tahiti, îles sous le Vent, Îles Vallis. 1842, 1880-86.
Nouvelle-Calédonie................ 1853.

	PÉRIODES.	RÉGIME.	DOMAINE.	POPULATION.	COMMERCE.	MARINE militaire.	MARINE marchande.
1re	1540-1610	Concessions personnelles.	?	100	600 000 livres.	26	80
	1610-1661	Compagnies.	650 000 k. c.	13 415	4 500 000	100	100
	1661-1701		8 000 000	79 000	70 000 000	700	400
2e	1701-1713	Compagnies et pacte colonial.	6 000 000	76 000	—	—	—
	1713-1756		6 250 000	35 454 000	360 000 000	171	700
	1756-1769		36 000	412 000	—	—	—
3e	1769-1802	Liberté.	400 000	1 400 000	436 000 000	—	3582
4e	1802-1830	Pacte colonial.	38 000	400 000	—	—	—
	1830-1861	—	900 000	2 830 343	619 000 000 fr.	200	5 200 français. 5 800 étrangers.
	1861-1870	Liberté commerciale.	—	—	—	—	—
5e	1870-1892	Liberté commerciale et politique.	2 489 000	271 157 456	1 079 700 000	513	7 000 français. 9 000 étrangers.

Compagnie des Indes.

Indes orientales.		Canada et Antilles.	Côtes d'Afrique.		Privilège du café.
Au delà du Cap.	*Chine.*		*Cap-Blanc à Sierra-Leone au Cap.*	*Sierra-Leone au Cap.*	

Indes orientales — Au delà du Cap :

- 1611-42. — 1re Cie des Indes orientales dite Cie des Moluques.
- 1642-56. — 2e Cie des Indes orientales dite Cie de Madagascar.
- 1656-64. — 3e Cie des Indes orientales dite de la Meilleraye.
- 1664-1719. — 4e Cie des Indes orles ou de Colbert.

Chine :

- 1660-64. — 1re Cie de la Chine.
- 1664. — 2e Cie des Indes orientales jusqu'en 1675.
- 1675-85. — Jean Oudiette, fermier du domaine d'Occident.
- 1685-87. — Fauconnet.
- 1687-92. — Domergue.
- 1692-97. — Pointeau.
- 1697-1700. — Guignes.
- 1700-06. — Canada.
- 1706-17. — Cie Aubert Néret et Gayot.
- 1700-12. — 2e Cie.
- 1712-19. — 3e Cie.

Canada et Antilles :

- 1627. — 1re Cie des Iles.
- 1628-64. — Cie de la Nouvelle-France ou des Cent-Associés.
- 1635-42. — 2e et 3e Cie des Iles.
- 1664. — 2e Cie des Indes occidentales jusqu'en 1673.
- 1673-81. — 1re Cie du Sénégal.
- 1681. — 2e Cie du Sénégal. Jusqu'en 1685.
- 1696-1718. — 3e Cie du Sénégal.

Côtes d'Afrique — Cap-Blanc à Sierra-Leone ou du Cap-Vert :

- 1621-64. — 1re Cie des Indes occidentales ou du Cap-Vert.

Sierra-Leone au Cap :

- 1685-1702. — Cie de Guinée.
- 1702-13. — Cie de Guinée et de l'Asiento.
- 1713-20. — Liberté du commerce de Guinée à tous les sujets.
- 1720. — Rétablissement de l'exclusif et union à la Cie des Indes.

Privilège du café :

- 1692-93. — Domergue adjudicataire.
- 1693-1723. — Privilège converti en droit d'entrée.
- 1723. — Privilège rétabli et réuni à la Cie des Indes.

1719. — Réunion de la 4e Cie des Indes orientales, 3e de Chine et Cie d'Occident.

RÉSUMÉ

DES PRODUCTIONS COLONIALES

Donnant lieu à une exportation supérieure à 100000 fr.

(MOINS L'ALGÉRIE)

---

1. *Denrées coloniales de consommation* (Sucres et tafias, rhums, café, vanille, cacao).

Pays (par ordre d'importance décroissante). — Guadeloupe (20 millions), Martinique, La Réunion, Tonkin, Mayotte, villes de l'Inde, Cochinchine, Océanie.

2. *Farineux alimentaires* (Riz, manioc, haricots).

Pays. — Cochinchine (21 millions), Inde, La Réunion.

3. *Pêcheries* (Poissons salés ou frais).

Pays. — Saint-Pierre et Miquelon (18 millions), Cochinchine.

4. *Arachides* (en graines et en huiles).

Pays. — Inde (10 millions), Sénégal, Guinée.

5. *Gommes et caoutchoucs.*

Pays. — Sénégal (5 millions), Guinée, Nossi-Bé.

6. *Or.*

Pays. — Guyane (5 millions).

7. *Métaux et minéraux* (fer, nickel, cobalt, cuivre, antimoine, houille).

Pays. — Nouvelle-Calédonie (5 millions), Tonkin.

8. *Coton, brut ou tissé.*

Pays. — Inde (3 millions), Océanie, Tonkin.

9. *Soie, grège ou tissée.*

Pays. — Tonkin (2 millions), Cochinchine.

10. *Produits et dépouilles d'animaux.*

Pays. — Cochinchine, Nossi-Bé, Sénégal, La Réunion.

11. *Teintures et tanneries* (rocou, cunao, etc.).

Pays. — Tonkin (700000), Guadeloupe, La Réunion.

RÉSUMÉ

DES IMPORTATIONS DANS LES COLONIES

---

1. *Sénégal et dépendances*. Tissus (guinées), denrées coloniales de consommation, farineux alimentaires, boissons.
Total : 25 millions, dont 12 à la France et 13 à l'étranger.
2. *Gabon-Congo*. Mêmes produits qu'au Sénégal.
Total : 3 millions, dont 1/2 à la France et 2 1/2 à l'étranger.
3. *Madagascar*. Tissus, vins et liqueurs, quincaillerie, mercerie.
Total : 4 millions.
4. *Nossi-Bé*. Tissus, vins et liqueurs.
Total : 1 750 000, dont 42 000 à la France et 1 728 000 à l'étranger.
5. *Mayotte*. Tissus.
Total : 884 000, dont 12 000 à la France et 872 000 à l'étranger.
6. *Réunion*. Farineux alimentaires, boissons, fils et tissus, produits et dépouilles d'animaux, poissons.
Total : 16 millions, dont 7 1/2 à la France et 8 1/2 à l'étranger.
7. *Inde*. Tissus, bois, farineux alimentaires, boissons.
Total : 5 millions, dont 1/2 à la France et 4 1/2 à l'étranger.
8. *Annam et Tonkin*. Coton filé, riz et thé, opium, tissus de laine, coton et soie, vins et liqueurs, médicaments, chaloupes à vapeur.
Total : 32 millions, dont 2 1/2 à la France et 29 1/2 à l'étranger.
9. *Cochinchine et Cambodge*. Tissus, pétrole, denrées coloniales de consommation, métaux et machines, farineux alimentaires.
Total : 56 millions, dont 17 à la France et 37 à l'étranger.
10. *Nouvelle-Calédonie*. Charbons, tissus, vins et liqueurs.
Total : 8 millions, dont 3 1/2 à la France et 4 1/2 à l'étranger.
11. *Iles de la Société*. Fils et tissus, farineux alimentaires, boissons.

Total : 3 millions, dont 1/2 à la France et 2 1/2 à l'étranger.

12. *Guyane*. Produits et dépouilles d'animaux, boissons, farineux alimentaires, tissus.

Total : 8 1/2 millions, dont 6 à la France et 2 1/2 à l'étranger.

13. *Martinique*. Farines de froment, tissus, dépouilles d'animaux, houille, vins et bières, morue, huiles, riz.

Total : 23 millions, dont 8 à la France et 15 à l'étranger.

14. *Guadeloupe*. Mêmes produits, plus les métaux et machines et les engrais chimiques.

Total : 20 millions, dont 10 1/2 à la France et 9 1/2 à l'étranger.

15. *Saint-Pierre et Miquelon*. Farineux alimentaires, denrées coloniales de consommation, tissus, bois et cordages, houille et pétrole.

Total : 13 millions.

(1887) *Total général* :

222 501 752 francs, dont 72 188 732 à la France et 132 467 020 à l'étranger.

L'importation française dans les colonies de la France n'est supérieure à l'importation étrangère que dans la *Guyane*, la *Guadeloupe*, *Saint-Pierre et Miquelon*.

Elle est presque égale, bien qu'inférieure, dans le *Sénégal*, la *Réunion*, la *Nouvelle-Calédonie*.

Elle est en énorme disproportion, surtout à *Nossi-Bé*, *Mayotte*, *Inde*, *Annam* et *Tonkin*, *Cochinchine* et *Cambodge*.

RÉSUMÉ

DU COMMERCE ET DES PRODUCTIONS

DE L'ALGÉRIE ET DE LA TUNISIE

ALGÉRIE

Importations. Produits (par ordre d'importance décroissante).
— Tissus de coton, soie et laine (40 millions); peaux ouvrées,
ouvrages en métaux, café, vins, sucre raffiné, fontes, fers et
aciers, farines.

Total (1887) : 220.094.772 francs.

Exportations. Produits (par ordre d'importance décroissante).
— Vins, froment, moutons, laines, orge, joncs, roseaux et
alfa, liège, minerai de fer.

Total (1887) : 200.440.457 francs.

Productions agricoles. — Céréales (2.800.000 hectares), bétail,
vignobles (150.000 hectares), fourrages, fruits, olives, légumes,
pommes de terre, tabac, chanvre et lin, forêts (3.000.000 hectares), alfa.

Valeur totale estimée 800 millions.

La production agricole a fourni en 1887 les 4/5 de l'exportation.

Productions minérales. — Fer (33 mines exploitées, dont
celles de Mokta-el-Hadid, près de Bône, du mont Filfila, de
Aïn-Temouchen, etc.); cuivre (Mouzaïa, Aïn-Barbar, etc.);
plomb argentifère (Kifou-Thebout, près de La Calle, etc.);
plomb et zinc (Filhaoucen, Aïn-Teklet, près de Tlemcen, Aïn-
Tolba, près de Nemours, Mers-el-Kébir, Lhagouat, etc.); sel
(chotts et sebkas); sources thermales et minérales (Hammam-
Meskoutin, près de Guelma, Mouzaïa, etc.).

Productions industrielles. — Pêcheries (sardines à Bougie,
corail à La Calle, etc.); minoteries et pâtes alimentaires,
manufactures de tabac, distilleries, huileries, poteries, etc.

Propriété. — La propriété bâtie représentait en 1881 un

capital de *un milliard* et un revenu de 70 millions. Mais elle est grevée de près de 300 millions d'hypothèques.

La propriété indigène est tantôt collective entre individus de même tribu : *terre arch*, et tantôt individuelle : *terre melk*. — Le sénatus-consulte de 1863 a reconnu le droit de propriété à la tribu. La loi de 1873 a ordonné le recensement de la propriété individuelle.

Le domaine direct (beylick), saisi par le Trésor dès 1830, comptait 1 500 000 hectares sur 15 millions d'hectares composant le Tell. Il a été tout entier, sauf les forêts, concédé gratuitement ou vendu aux immigrants européens.

TUNISIE

Importations en France. — *Produits principaux* (par ordre d'importance décroissante). — Céréales en grains et farines (15 millions), huiles d'olive, éponges, peaux et pelleteries brutes, légumes secs, bœufs, etc.

Total (1891) : 35 924 707 francs.

Exportations de France en Tunisie. — *Produits principaux* (par ordre d'importance décroissante). — Peaux ouvrées (2 1/2 millions) soies (2 1/2 millions) sucres raffinés (1 1/2 million), tissus, outils et métaux ouvrés, etc.

Total (1891) : 32 136 775 francs.

COMMUNICATIONS

ENTRE LA FRANCE ET LES COLONIES

I. — *Compagnie générale transatlantique.*

1° Lignes de l'Atlantique :

Saint-Nazaire à Pointe-à-Pitre, Basse-Terre, Saint-Pierre, Fort-de-France, avec embranchement sur Cayenne. — Départ le 10 de chaque mois. — Prix : 900, 800, 750, 300 fr. pour les Antilles, 1 000, 900, 800, 300 pour Cayenne.

Le Havre-Bordeaux-Santander à Pointe-à-Pitre, Basse-Terre, Saint-Pierre et Fort-de-France. — Départ du Havre, les 22 de chaque mois; de Bordeaux-Pauillac, les 26. — Mêmes prix de Bordeaux que de Saint-Nazaire.

2° Lignes de la Méditerranée :

Port-Vendres à Carthagène et de Carthagène à Oran et Nemours. — Prix : 115, 81, 46, 33 fr.

Marseille à Alger, Oran, Bône et Philippeville (service direct). — Prix : 80, 60, 30, 15 fr.

Marseille à Bougie (viâ Alger ou Philippeville). — Mêmes prix.

Marseille à Ajaccio et Ajaccio à Bône. — Prix : 98, 78, 39, 27 fr.

Marseille à Basse-Terre, Pointe-à-Pitre, Saint-Pierre à Fort-de-France. — Départ le 9 de chaque mois. — Prix : 750 fr.

Marseille à Tunis. — Départ les lundis, mercredis et vendredis.

3° Ligne de Dunkerque en Algérie :

Dunkerque au Havre, Saint-Nazaire, Bordeaux, Oran, Alger. — Départ les samedis.

II. — *Compagnie des Messageries maritimes.*

1° Ligne du Sénégal et du Brésil :

Bordeaux à Dakar, par la Corogne, Vigo et Lisbonne. — Départ le 5 et le 20 de chaque mois. — Prix : 540, 400, 275 fr.

2° Ligne de l'Inde, Chine et Japon :

Marseille à Alexandrie. — Départ les vendredis et dimanches. — Prix : 350, 260, 130 fr.

Marseille à Alexandrie, Port-Saïd, Suez, Aden, Colombo, *Pondichéry*, Madras, Calcutta, Singapore, Batavia, *Saïgon*, Hong-Kong, Shang-haï, Kobé et Yokohama. — Service bi-mensuel ; durée, jusqu'à Pondichéry, 22 jours, et jusqu'à Saïgon, 27 jours. — Prix : Marseille à Saïgon, 1 625, 1 040, 600 fr. ; à Pondichéry, 1 400, 900, 500 fr.

Saïgon à Poulo-Condor, Wha-trang, Qui-Nhon, Tourane, Haï-phong. — Service tous les jours. — Prix : à Poulo-Condor, 37^{f}45, 28^{f}10 ; à Qui-Nhon, 84^{f}25, 65^{f}50 ; à Tourane, 140^{f}40, 107^{f}65 ; à Haï-phong, 235 fr., 177^{f}85.

Billets d'aller et retour, de Marseille, valables pour 3, 6, 9 ou 12 mois, au prix de 2000 à 2 375, 1 250 à 1 500, 900 à 1 000 fr. pour Pondichéry ; 2 200 à 2 850, 1 300 à 1 600, 900 à 1 000 fr. pour Saïgon.

3° Lignes de l'Océanie :

Marseille à Port-Saïd, Suez, Aden, Mahé, King-George's sound, Adélaïde, Melbourne, Sydney, *Nouméa*. — Service mensuel, départ tous les premiers du mois ; durée, jusqu'à Nouméa, 42 jours. — Prix, à Nouméa : 1 875, 1 150, 575 fr. — Aller et retour, valable pour 9 ou 12 mois, au prix de 3 000 et 3 200, 1 900 et 2 000, 1 000 et 1 050 fr.

4° Ligne de l'Afrique orientale :

Marseille à Port-Saïd, Suez, *Obock*, Aden, Zanzibar, *Mayotte*, *Nossi-Bé*, *Diego-Suarez*, *Sainte-Marie*, *Tamatave*, *La Réunion*. — Service mensuel, tous les 11 du mois. Durée : jusqu'à Obock, 12 jours ; à Mayotte, 22 jours ; à Nossi-Bé, 23 jours ; à Diego-Suarez, 24 jours ; à Sainte-Marie, 26 jours ; à Tamatave, 26 jours ; à La Réunion, 29 jours. — Prix, à Tamatave, 1 450, 915, 460 fr.

III. — *Compagnie havraise péninsulaire de navigation à vapeur.*

1° Ligne orientale viâ Suez :

Le Havre à Tamatave et Port-des-Galets. — Mensuel, départ tous les 20 du mois ; escales à Bordeaux et Marseille.

2° Ligne de la Méditerranée :

Le Havre et *Dunkerque* à Oran, Arzeu, Alger et Philippeville (Bône et Bougie par transbordement). — Départ du Havre les 1er, 11 et 21 de chaque mois ; de Dunkerque, les 25 de chaque mois.

NOTIONS ÉLÉMENTAIRES DE COLONISATION [1]

Pour ceux qui veulent employer leur activité aux colonies, trois choses sont à connaître : comment on y vit, comment on y travaille, comment on y spécule.

Nous donnerons donc ici quelques indications précises sur chacune de nos colonies au triple point de vue de l'*acclimatation*, du *travail*, de l'*emploi des capitaux*.

I

DE L'ACCLIMATATION

Notions générales. — Les hommes, non plus que les végétaux, ne peuvent être transplantés impunément. Si la différence des climats, originaire et adoptif, est trop grande, l'individu succombe aux maladies locales ou ne peut faire souche.

Les Français sont des produits de la zone tempérée. Ils supportent en France des écarts de température de —20° à + 35°, mais à la condition que ces écarts ne soient ni brusques, ni longs, que l'alternance des pluies et des sécheresses soit constante, que la moyenne des températures d'hiver et d'été se tienne aux environs de + 10° à + 15°.

Les colonies françaises ne répondent pas en général à ces conditions. Sur les 3 000 000 k. c. de terres possédées

---

[1] Une partie des détails ci-après ont été empruntés à l'excellent livre d'un officier supérieur en retraite, M. Combette : *Géographie commerciale des colonies françaises*, in-8, 1890 (Challamel).

par la France, 2 300 000 *au moins sont situées dans la zone torride ou tropicale*, où la température se maintient toujours entre + 20 et + 40°, où l'alternance des saisons sèche et pluvieuse remplace les variations quasi journalières des climats tempérés, où les émanations paludéennes sont particulièrement dangereuses.

La plus grande partie des colonies françaises ne peut donc servir au peuplement.

Toutefois, le séjour des Européens y est possible aux conditions suivantes :

Ne pas avoir de prédispositions aux maladies du foie. — S'acclimater pendant la saison sèche. — S'habiller de flanelle et porter un couvre-nuque. — Ne pas s'exposer aux ardeurs du soleil. — Ne pas faire usage de spiritueux. — Prendre chaque jour un ou deux verres de vin de quinquina. — Faire tous les deux ans, au moins, une cure en Europe.

Quelques détails sur chacune des colonies compléteront ces indications.

1° *Colonies situées en dehors de la zone torride ou tropicale ;* ce sont : l'Algérie, la Tunisie, Saint-Pierre et Miquelon.

Algérie et Tunisie.— Lat. N. 32-37°. — 3 régions : Le Tell, les Hauts-Plateaux, le Sahara. — *Le Tell* a le climat de Provence un peu accentué : moyenne d'hiver 11°83 à Alger (8° à Nice); moyenne d'été 23°58 à Alger (23°05 à Nice); pluies rares en été, fréquentes d'octobre à avril; tranche annuelle d'eau 51ᶜᵐ à l'O. (Oran), 84ᶜᵐ à l'E. (la Calle). — Les *Hauts-Plateaux* ne recevant pas les vents et vapeurs de la Méditerranée, sont beaucoup plus secs et chauds : la température d'été est de + 38° et en hiver, la gelée et la neige sont fréquentes. — Le *Sahara* accentue encore ces caractères de climat continental : pluies très rares (des séries de 20 ans sans eau, au dire des indigènes), témpérature de jour + 40 ou 45° à l'ombre, température de nuit — 2 ou 3°.

Les vents dominants dans le Tell sont alternativement les vents humides méditerranéens et le sirocco sec et brûlant; dans les Hauts-Plateaux et le Sahara, le sirocco, les vents sud-ouest, le simoun.

L'acclimatation des Français, surtout méridionaux, se fait sans aucune difficulté dans le Tell.

Saint-Pierre et Miquelon. — Lat. N. 46° 30' (Bordeaux 45°); vents violents et persistants; brumes presque continues, neiges abondantes pendant quatre ou cinq mois. — Malgré la latitude et grâce aux courants froids venus du Nord, la température est celle de la Suède.

2° *Colonies situées dans la zone torride ou tropicale.*

Sénégal et dépendances. — Lat. N. 10° — 18°. Deux saisons : la saison sèche de décembre à mai, avec une température de + 35° au soleil et + 25° à l'ombre, pouvant s'élever sous l'influence des vents d'est à 40°; la saison humide de juin à décembre, avec une température de + 30° à l'ombre et + 40° au soleil, et des pluies torrentielles.

Ce climat engendre les maladies du foie, la fièvre dite du Sénégal, l'anémie. — Une hygiène rigoureuse et le repos durant le jour sont indispensables.

Côtes de Guinée. — Lat. N. 5° — 10°. — Saison sèche de décembre à avril; saison humide d'avril à juillet; juillet, août et septembre sont les mois les plus dangereux pour l'Européen, à cause des miasmes paludéens et de la température élevée (+ 40° à l'ombre).

Mêmes maladies et même hygiène qu'au Sénégal.

Gabon-Congo. — Lat. N. 5° — lat. S. 5°. — Saison sèche de mai à septembre, saison humide pendant les autres mois; température de + 18° à + 30° la nuit, et de + 25° à + 40° le jour.

Les maladies du foie et la dysenterie sont rares ; mais fréquentes les fièvres pernicieuses et bilieuses, et aussi les insolations. — Un logement sain, des bains fréquents sont à ajouter aux soins d'hygiène déjà indiqués.

Madagascar et dépendances. — Lat. S. 12 — 25°. — Saison chaude et pluvieuse de novembre à avril, avec + 25 à 35° ; saison sèche et fraîche de mai à octobre, avec + 15 à 30°. Les saisons sont moins tranchées sur la côte orientale et la température très adoucie sur les plateaux de l'intérieur.

A redouter les fièvres, la dysenterie, les maladies du foie. — On les combat par l'hygiène recommandée pour les pays tropicaux et par l'usage raisonné du sulfate de quinine.

La Réunion. — Lat. S. 21°. — Saison d'hivernage de décembre à mai, marquée par une température de + 28 à + 35°, des cyclones et de grandes pluies ; saison sèche de mai à décembre, avec une température sur les côtes de + 19 à + 25°, moindre à l'intérieur.

L'acclimatation y est facile et les repos peuvent être pris dans les hautes terres du centre.

Inde française. — Lat. N. 10-25°. — Pluies d'octobre à janvier ; température de + 30 à 40° le jour, de + 25 à 30° la nuit, s'abaissant à + 25 et à + 15° dans la saison sèche.

Indo-Chine. — Lat. N. 10-25°. — Saison chaude de mai à octobre, avec des pluies abondantes en juin, juillet et août, des typhons, une moyenne de température de + 30° ; saison fraîche comparable à l'hiver de la Provence.

Maladies les plus fréquentes : la dysenterie, le choléra (endémique), les affections du foie, la fièvre jaune, l'anémie, les maladies de peau (la plaie annamite). — Ne boire que de l'eau bouillie ; assainir les fosses d'aisances et en éviter la proximité; prendre de grands soins de propreté.

Nouvelle-Calédonie et dépendances. — Lat. S. 20°. — Température la plus élevée + 36° le jour, et la plus basse la nuit + 12°. Persistance de l'alizé du S.-E. qui adoucit et égalise la température. Régime des pluies variable comme dans la zone tempérée. Ouragans peu fréquents.

Les conditions climatériques sont sensiblement les mêmes qu'en Algérie et l'acclimatation y est aussi facile.

Iles de la Société et îles voisines. — Lat. S. 20°. — Deux saisons : saison sèche d'avril à novembre, saison humide accompagnée de violents orages, de novembre à avril. Température oscillant entre + 15 et + 35°.

Climat très sain; pas de maladies endémiques : acclimatation très facile.

Guyane. — Lat. N. -35° — Deux saisons : saison sèche d'avril à novembre, saison humide de décembre à mai. Température moyenne + 28°, températures extrêmes + 20 et + 40°. Pluies très abondantes (3ᵐ20 et même 4ᵐ50 par an).

Fièvres paludéennes, maladies du foie, fièvre jaune. — Mener une vie très sobre et très réglée, ne pas sortir au soleil, porter des vêtements de laine, revenir en Europe au moins tous les deux ans.

Antilles. — Lat. N. 16°. — Température moyenne + 26°; deux saisons : la saison sèche de décembre à mai; la saison humide de juin à novembre, avec pluies abondantes en juillet, août et septembre. Ouragans assez fréquents et dangereux (cyclone de 1891 à la Martinique).

Maladies du foie, fièvres paludéennes, fièvre jaune à craindre surtout dans la région côtière où règnent les miasmes paludéens. — Hygiène générale des pays chauds.

II

DU TRAVAIL

Il ne s'agit ici que du travail manuel, qui peut servir de ressource aux ouvriers s'expatriant sans capital.

Algérie et Tunisie. — Le principal travail en Algérie et Tunisie est le travail agricole. Des ouvriers agricoles, surtout viticulteurs, peuvent trouver à s'employer dans les grandes exploitations.

Pour le travail industriel, l'Algérie offre déjà des ressources variées. Il s'y est créé des mines, des chemins de fer, des brasseries, distilleries, huileries (1529 ouvriers) fabriques de conserves et salaisons, minoteries et fabriques de pâtes alimentaires (plus de 2 000 ouvriers). Les petites industries privées y sont représentées ; on y trouve des bijoutiers, carrossiers, cordonniers, passementiers, tonneliers, serruriers, ferblantiers, teinturiers, tailleurs, fabricants de crin végétal, charpentiers et menuisiers (1260), chaudronniers et ouvriers en métaux, ouvriers plâtriers et chaufourniers, carriers et tailleurs de pierre. Enfin deux industries spéciales, l'exploitation de l'alfa et la fabrication des bouchons de liège occupent plus de 4 000 ouvriers.

Mais la concurrence de la main-d'œuvre étrangère, qui s'offre à bas prix, est à redouter pour l'artisan et l'ouvrier manuel. Les Espagnols sont presque exclusivement employés à l'alfa, les Italiens et Maltais dans les mines.

En Tunisie, les ressources sont moindres et la main-d'œuvre étrangère principalement employée.

Saint-Pierre et Miquelon. — Toute l'industrie se rapporte à la pêche : construction, réparation, radoubage des chaloupes, fabriques d'huile de foie de morue.

Le salaire journalier est de 6 à 15 francs.

Mais il n'y a qu'une saison ; pendant l'hiver tout travail est suspendu. — La vie n'est pas plus chère qu'en France : on peut se suffire pour 2 fr. par jour. Mais on ne peut se loger à moins de 2250 fr. par an.

Sénégal et dépendances. — Il n'y a pas place pour l'ouvrier manuel dans nos possessions sénégaliennes. Les indigènes suffisent aux petites industries ; on n'a pas encore donné une assez grande extension aux huileries d'arachide ou aux distilleries de mil, qui ne font que commencer ; le labeur agricole est interdit à l'Européen.

De plus, si les prix de main-d'œuvre sont très élevés, il y a chômage pendant la saison d'hivernage et la vie est chère (chambre 25 fr. par mois, pension 80 fr. par mois au minimum)

Côtes de Guinée, Gabon-Congo, Obock. — Aucune industrie européenne ; travail agricole impossible.

Madagascar. — L'industrie indigène fournit actuellement les objets courants de consommation. Bien que la vie soit à très bon marché (bœuf 40 et 50 fr., mouton 2 à 5 fr., logement en case ou paillotte pour rien) et qu'un très bel avenir industriel attende la colonie, il est trop tôt encore pour que l'ouvrier manuel puisse trouver un bon profit.

La Réunion. — Dans cette île, dont la population est depuis longtemps française, toute immigration est facile et favorisée. L'ouvrier manuel peut donc s'y rendre, sans craindre l'abandon ou la faim. La vie est, de plus, à bon marché : le riz 0,25 le kilog., le pain 0,80, le bœuf 1,50, le vin 0,80 le litre, le logement en cases avec jardin 6 ou 10 fr. par mois, en chambre 20 fr. par mois. — Il est vrai que les salaires eux-mêmes sont médiocres : la journée se paie 1,50 pour les travaux agricoles, de 3 à 5 fr. pour les travaux industriels.

Inde française. — L'ouvrier indigène, très habile et très sobre, accapare tout le travail. Il n'y a aucune place pour l'ouvrier européen. La vie est du reste à bon marché : bœuf 0,90 le kilog., mouton 0,65, pain 0,80, riz 0,20 ; une volaille vaut 0,50 ; une petite maison non meublée se loue 25 à 30 fr. par mois.

Indo-Chine. — Au Tonkin, la main-d'œuvre indigène, très habile et très peu chère, occupant les femmes comme les hommes pour un salaire de 0,15 à 0,30 par jour, rend inutile la main-d'œuvre européenne. Celle-ci n'est réclamée que pour les arts mécaniques et les industries artistiques. La grande industrie agricole est encore à perfectionner et emploïera de préférence l'ouvrier du pays, très intelligent et très appliqué.

La vie est assez chère : pain 0,80 le kilog., bœuf 1,90, mouton 9, porc 0,20, etc. ; pension d'hôtel 150 à 200 fr. par mois ; chambre d'hôtel 50 fr. par mois ; vêtements et chaussures deux fois plus chers qu'en France.

En Cochinchine, où les usines de décorticage ou de distillerie du riz sont en pleine activité et où il se fait de grands travaux de construction, de bons ouvriers européens pouvant servir de contremaîtres ont une existence et un profit assurés. Un contremaître peut gagner à Saïgon 100 piastres (300 à 400 fr.) par mois et il n'en dépensera que 40 (120 à 160 fr.) pour sa nourriture et son logement.

En Annam et Cambodge, les industries sont encore à créer et le salaire des ouvriers indigènes est aussi bas qu'au Tonkin.

Nouvelle-Calédonie. — Le travail des Canaques, des condamnés, des libérés ou relégués, payé de 1 à 6 fr. par jour, employé par l'État ou loué aux particuliers, destiné à l'agriculture, aux routes, aux mines, tout en nuisant au travail libre des immigrants, ne le remplace pas. De

bons ouvriers charpentiers, menuisiers, ébénistes, ferblantiers, serruriers, forgerons, bourreliers peuvent
gagner de 10 à 15 francs par jour ; les tailleurs, cordonniers, peintres en bâtiment, maçons, boulangers, de 8 à
12 fr. ; un simple journalier est payé de 7 à 8 fr. La vie
est environ d'un tiers plus chère qu'en France.

Iles de la Société. — A condition de savoir plusieurs
métiers, l'ouvrier européen peut gagner de 7 à 12 fr. par
jour. Mais la vie, si l'on conserve ses habitudes européennes est chère : le kilog. de pain vaut 0,80, de bœuf
ou de mouton 3 fr., de porc 2 fr. ; une seule chambre non
meublée se paie 40 fr. par mois ; les vêtements deux fois
plus cher qu'en France. Si l'on veut se contenter du
logement et des vivres du pays, la vie devient peu coû-
teuse. De plus, l'agriculture manquant toujours de bras,
un ouvrier trouvera toujours à s'employer. Jusqu'à
présent on a dû engager des indigènes de l'archipel
Gilbert, qui d'ailleurs ne séjournent pas au delà de leur
engagement.

Guyane. — Le travail agricole et le travail manuel
sont presque impossibles à l'Européen en Guyane. De
plus, la vie y est chère : un kilo de bœuf vaut 2,40, de
porc 1,60, une poule de 4 à 5 fr. ; une chambre non
meublée se paie à Cayenne 20 à 30 fr. par mois. Quant
aux salaires, ils sont par jour de 3 à 7 fr. pour les hommes, 2 à 4 pour les femmes, sur les placers, de 5 à 6 fr.
par jour pour les maçons, menuisiers, forgerons, serruriers.

On a dû importer des nègres sénégalais, des coolies
indiens, des Annamites pour les différents travaux.

Antilles. — Il n'y a plus de place aux Antilles pour des
ouvriers européens, à l'exception de mécaniciens pour
les grandes usines ; la petite industrie est aux mains des
ouvriers indigènes, noirs ou mûlatres, dont le salaire

(3 à 5 fr. par jour) ne suffirait pas à l'Européen, à cause du prix élevé des denrées et surtout des logements.

III

EMPLOI DES CAPITAUX

La cause de notre infériorité coloniale, comme le dit avec tant d'autorité M. Foncin dans la préface qui est en tête de ce volume, est la timidité des capitalistes. Nos colonies regorgent de richesses variées, qui ne sont pas exploitées ou qui sont abandonnées aux étrangers. Il importe de les faire connaître avec précision.

Algérie et Tunisie. — Nos colonies du nord de l'Afrique sont avant tout des pays de production agricole.

En Algérie, dans le Tell, sur 15 millions d'hectares de terres, 3 millions seulement sont cultivés, dont 1 million par les Européens. Le domaine possède encore plus de 800 000 hectares à concéder, au prix moyen de 40 francs l'hectare. Il y a donc lieu d'employer des capitaux à l'achat de grandes propriétés, qui, gardées par un groupe de villages, cultivées en céréales ou vignobles à l'aide de la main-d'œuvre indigène, peuvent donner les plus beaux bénéfices. — L'exploitation des forêts, dont plus de 480 000 hectares sont composés de chênes-liège et sont concédés partiellement par le domaine, est une autre source assurée de profits. — L'alfa des Hauts-Plateaux, qui s'exporte à l'état brut en Angleterre, pourrait être traité sur place par un industriel assez hardi pour construire au cœur du pays une fabrique de papier ou de sparterie, en s'assurant par les procédés modernes la force motrice, dont l'aliment fait défaut.

L'industrie minière sollicite aussi les capitaux. Sur

43 mines reconnues, 15 seulement sont exploitées : les mines de fer d'Aïn-Mokra (près de Bône), et de Beni-Saf (près d'Oran) occupent chacune plus de 700 ouvriers et ont produit ensemble annuellement plus de 460 000 tonnes de minerai. Le relevé des gisements divers non exploités se trouvera aux ministères de l'Intérieur ou du Commerce (secrétariat des colonies) en France, et au gouvernement général de l'Algérie.

Des capitaux pourraient être utilement employés à l'institution d'établissements de crédit; les colons ayant peu d'avances, ont souvent besoin de prêts ainsi que les indigènes, et ils sont aujourd'hui livrés à l'usure. De plus, l'ère des grands travaux publics, routes et chemins de fer, est à peine ouverte, et il y aura longtemps encore de bonnes occasions de spéculation.

En *Tunisie*, où l'application de l'Act Torrens, en individualisant par l'immatriculation les propriétés musulmanes, a rendu plus faciles et plus sûres les acquisitions, l'achat de grandes propriétés et l'établissement de vignobles sont devenus un des meilleurs emplois de capitaux. On l'a compris en France et l'on s'y est porté avec une telle ardeur que le prix de l'hectare s'est élevé en trois ans de 50 à 100 francs et davantage. — L'exploitation des forêts, qui toutes appartiennent au gouvernement et sont administrées par la France, deviendra plus productive qu'en Algérie : les chênes-liège sont de meilleure qualité; des routes et sentiers sont ouverts avec activité. En 1884, sur 4 000 hectares, 700 000 arbres ont été démasclés et ont donné un produit de 1 300 000 francs. — La culture de l'olivier et le traitement des olives par les procédés européens peuvent être une source de fortune rapide; déjà en 1883 la Régence exportait pour 23 390 000 piastres ou 14 034 000 francs (la piastre tunisienne vaut environ 0 fr. 60) d'huiles et grignons. De

même l'alfa est plus abondant et de meilleure qualité
dans le sud de la Régence qu'en Algérie : Bou-Hedma est
exploité par une Société franco-anglaise qui embarque
ses produits (environ 10 000 tonnes par an) à la baie de
Skira.

Les mines et carrières, qui commencent à être
exploitées, sont abondantes : deux mines de fer sont
concédées à des Sociétés françaises en Kroumirie ; mais
les mines d'or de Bou Hedma, creusées dans l'antiquité,
n'ont pas été reprises ; les mines de plomb de Djebba (sur
les rives de la Medjerda), et du Djebel Rças (près de
Tunis), utilisées par les Romains et Carthaginois, n'ont été
acquises par une société italienne que pour les scories qui
les recouvrent. Les carrières du beau marbre de Chemtou
sont exploitées par une société franco-belge qui possède
à Tunis un atelier de scierie et de taille ; mais il en reste
beaucoup à ouvrir, et il existe en outre d'importants
gisements d'argile plastique que les indigènes emploient
assez mal pour leurs poteries vernissées.

Saint-Pierre et Miquelon. — Le petit commerce à
Saint-Pierre est rémunérateur, quand la pêche a été
bonne. — Emploi de capitaux pour la construction des
doris ou petites chaloupes de pêche, les fabriques de
foie de morue, l'approvisionnement pour la pêche (filets,
hameçons, avirons, liège, boëte ou appât). — Pas de
banque.

Sénégal et dépendances. — Peu de concessions de
terres et toutes de moyenne étendue (environ 110 hectares), à un prix minime, mais de difficile exploitation.

Le grand commerce se faisant par échanges, surtout
de guinées (pièce de coton teinte en bleu, longue de
15 mètres, large de $0^m,80$, valant environ 15 francs dans
le Sénégal) demande d'importants capitaux ; il est aux
mains des grandes maisons de Bordeaux et Marseille,

qui ont des représentants auxquels elles assurent, outre un traitement fixe, le logement, la nourriture et une part de bénéfices s'élevant parfois à 50 pour 100.

Le petit commerce, établi dans les villes où il se fait contre espèces, approvisionné à crédit par les grands armateurs, exige un capital minime et serait bien rémunérateur si la concurrence n'était trop grande.

L'industrie des indigoteries, huileries d'arachide, distilleries de mil ne fait que débuter et appelle l'initiative. Les mines sont mal connues et paraissent peu abondantes.

Une seule banque, fondée en 1853 et dont le privilège expire en 1894; elle fait l'escompte à 6 ou 9 pour 100 et des avances sur marchandises ou titres, elle émet des billets au porteur. Beaucoup de travaux publics, largement subventionnés par la colonie et la métropole.

Côtes de Guinée. — Commerce par échanges dans les mêmes conditions qu'au Sénégal; se fait surtout par les maisons anglaises et allemandes, qu'il faudrait d'abord déposséder. Des maisons françaises y font déjà un trafic de 10 000 000.

Gabon-Congo. — Concessions de terres à très bon marché ou même gratuites; récolte abondante de fruits indigènes (bananes, patates, ignames, maïs, manioc) et culture productive, après essais, de riz, cacao, arachides, vanille, canne à sucre; mais travail difficile à obtenir des nègres. Il n'existe actuellement que la ferme des missionnaires de Sainte-Marie, près de Libreville (60 hectares cultivés) et la ferme de Sibangué à la maison allemande Woërmann (50 hectares cultivés).

L'exploitation des forêts très étendues, où l'on trouve l'ébène, le santal, le campêche, le palmier oléifère, le cocotier, l'acajou, la liane à caoutchouc, pourrait être très rémunératrice s'il y avait des routes.

On sait déjà qu'il y a beaucoup de fer dans la vallée de l'Ogooué et beaucoup de cuivre dans celle du Niari.

Le traité de Berlin (février 1885) a stipulé la liberté du commerce dans tout le bassin du Congo et dans les bassins du Tchiloango, du Niari et du Nyanza. Ce commerce ne se fait que par échanges, sauf à Libreville où s'emploient les monnaies françaises et anglaises.

Madagascar. — Les concessions de terres ne peuvent être obtenues de la reine des Hovas qu'avec l'assentiment du résident de France. Les productions sont extrêmement abondantes : riz, céréales, vigne, grenadier, oranger, citronnier, sésame, arachide, coton, mûrier, tapia et ambatry (qui nourrissent le ver à soie), café, vanille, tabac, poivre, indigo, gingembre, muscade, cannelle, caoutchouc, orseille, gomme copal, bois de construction et d'ébénisterie, prairies qui nourrissent un nombreux bétail dont le cuir et le suif sont presque pour rien. Il y a donc de beaux bénéfices à faire dans une exploitation agricole, comme l'ont prouvé les établissements de Laborde et Lambert, fondés à une époque peu propice et détruits depuis.

Il y a aussi des gisements de cuivre et de plomb au sud-ouest de Tananarive, de cristal de roche dans le nord de l'île, de charbon de terre à fleur de terre dans la baie de Passandava, de bitume près du cap Saint-André, de pétrole près de Tananarive; les Hovas eux-mêmes exploitent des mines d'or à Marovoay, dans la vallée de l'Ikopa. Mais la législation hova interdit les fouilles et recherches de minerais.

Les Hovas pratiquent la petite industrie; ils tissent le coton et la soie, tannent les peaux de bœufs avec l'écorce du palétuvier, ont des briqueteries et poteries. Mais la grande industrie n'existe pas. — Le commerce se fait sur la côte occidentale par l'intermédiaire de boutres arabes qui ont pour entrepôt Hellville (Nossi-Bé) et de courtiers indiens qui sont établis sur les côtes. Des Européens ne pourraient les remplacer, au moins à présent. Ce commerce est beaucoup plus considérable que celui qui se fait par les ports contrôlés ; il y a un écart de 8 à 120 millions.

Le Comptoir d'escompte a deux succursales à Tamatave et Tananarive et il est chargé de percevoir les douanes. Mais les opérations de banque, de prêts sur marchandises et autres se font par les courtiers indiens au taux exorbitant de 30 pour 100 par mois ou 360 pour 100 par an.

Quand le protectorat sera plus fermement établi, il y aura à faire à Madagascar de fructueux emplois de capitaux, non seulement pour les plantations agricoles, mais pour un grand nombre d'entreprises commerciales et industrielles, telles que scieries, tanneries, briqueteries, sucreries, distilleries, industries minières (métaux, charbons, bitumes, pétroles, etc.). Mais il faudra d'abord abolir les lois hovas qui interdisent d'ouvrir des mines et des routes.

Dépendances de Madagascar. — A *Nossi-Bé*, 8000 hectares de terres ont été concédés depuis 1841, mais 1000 seulement sont cultivés. Trois maisons de commerce, une française, l'autre allemande et la troisième américaine accaparent tout le commerce. — Dans les *Comores*, nous n'avons aucun établissement agricole ou industriel ; on y pourrait créer des plantations de cannes à sucre, surtout à Mohely et Anjouan. — *Mayotte* compte environ 300 immigrants de France, de la Réunion ou de Maurice ; elle a des plantations de cannes, de café, des distilleries de rhums et tafias. Dans toutes ces possessions, les monnaies françaises et la roupie de l'Inde (2 fr. à 2 fr. 50) ont seules cours ; le Comptoir d'escompte avait une succursale à Mayotte, mais a été remplacé par la Banque de l'Indo-Chine.

La Réunion. — Les mutations de propriétés sont rares dans cette vieille colonie, et il n'y a pas de mines. Deux établissements de crédit, la Banque de la Réunion et le Crédit agricole et commercial, font toutes les opérations de banque. Les capitaux peuvent cependant s'intéresser aux cultures et industries très productives qui font la richesse de l'île : canne à sucre, café (une des meilleures marques), vanille, cacao, poivrier, giroflier, coton, distilleries de rhums et tafias. Le café notamment est un bon article de spéculation. Au total, la France importe 150 000 tonnes de différentes provenances et n'en consomme que 60 000 ; la réexportation porte donc sur 90 000 tonnes. Le Havre et Marseille sont les principaux marchés.

Obock et Tadjourah, Cheik-Saïd. — Pas de colonisation agricole possible ; mais commerce important avec le Choa, quand sera faite la route de Djiboutil (port déjà aménagé) au Choa, par la vallée de l'Haouach ; les tribus pillardes des Douakils (100 000 hab.), y font actuellement obstacle. Ce commerce se porte aujourd'hui sur Zeïlah et Berbera, ports anglais ; il se fait par caravanes, avec des frais de transports revenant à 2 500 francs par tonne. Mais la route de Djiboutil est beaucoup plus courte. Obock est relié à Aden, où les paquebots des Messageries font escale, par un service de vapeurs de la maison Poingdestre et Mesnier ; il ne l'est pas par câble.

Cheik-Saïd, sur la côte d'Arabie, est une précieuse possession militaire, commandant Perim et le détroit de Bab-el-Maudeb ; elle ne peut être utilisée commercialement que comme dépôt de charbon. Contrairement à Aden, elle possède des puits d'eau potable.

Inde. — Le territoire français de l'Inde est trop peu

étendu pour permettre de vastes exploitations agricoles;
les indigènes, d'ailleurs, très attachés à la France,
suffisent à la mise en valeur. Il n'y a donc place que
pour les entreprises commerciales et industrielles, qui
peuvent être très productives. Une mine de lignite à
70 mètres de profondeur et d'une épaisseur de 10 mètres
sur 4000 hectares a été découverte près de Pondichéry
en 1882; elle peut donner de beaux profits en permettant
d'abaisser le prix de la tonne de charbon de 45 à 10 francs.
Une filature de coton à Pondichéry occupe 5000 ouvriers.
Il serait à désirer que d'autres filatures et des teintu-
reries s'établissent pour pouvoir approvisionner de guinées nos colonies d'Afrique.

Indo-Chine. — En *Cochinchine*, 800000 hectares sont
cultivés en riz, donnant 1500000 tonnes (160 francs la
tonne), dont on exporte environ le tiers en Chine, par
Hong-Kong. Mais, mal préparé, il est de qualité inférieure;
de plus, le commerce d'exportation est centralisé par les
maisons chinoises de Cholon. Il y aurait donc lieu
d'espérer mieux de cette culture, en l'améliorant. Il en
est de même pour la culture du cotonnier, qui trouve
un sol très favorable, mais semble délaissée; pour celle
du mûrier et l'élevage du ver à soie. Les forêts occupent
1 million d'hectares et abondent en essences précieuses
(teck, tuya, acajou, santal, etc.), mais l'absence de routes
et l'abondance des fauves en rend l'exploitation difficile.
Ni mines, ni carrières. Les opérations de crédit se font
par la Banque d'Indo-Chine et trois banques anglo-
chinoises, mais les prêts sur gages, à usure (3 ou 4 pour
100 par mois) se pratiquent par les Chinois et les « chettys »
ou banquiers indiens.

Au *Tonkin*[1], de nombreuses concessions agricoles ont

1. V. J. Ferry : *Le Tonkin et la mère-patrie* (1890).

déjà été faites à des Français, pour la culture de la badiane ou anis étoilé, du coton, du café, de la ramie, du mûrier, de la canne à sucre, etc. D'autres, plus importantes encore, pour les mines de houille (19000 hectares), d'antimoine (150 hectares), d'or et d'argent (200 hectares). Des établissements industriels (filatures de coton, fabriques de ciment, distilleries, scieries, savonneries, glacières), des entreprises commerciales (transports, magasins généraux, etc.), sont dès maintenant établis par des compagnies ou des maisons de commerce françaises. Mais il reste beaucoup à faire.

Le Tonkin est un type de colonie d'exploitation. L'exploitation minière surtout annonce de beaux profits. Une centaine de mines étaient travaillées par les Annamites, avant notre occupation, parmi lesquelles des mines de cuivre, de plomb, de fer, de zinc, d'étain, paraissant fort abondantes.

Le commerce d'importation qui atteint près de 30 millions est presque tout entre les mains des Anglais, représentés dans le pays par des Chinois ayant comme commis ou associés des femmes annamites et comme entrepôts Singapore et Hong-Kong. Il y a là une situation à conquérir.

En *Annam*, la culture indigène est fort négligée. Il y aurait de beaux profits à faire avec des plantations de riz, de mûrier, d'arachide, de canne à sucre, de thé, et surtout de café qui y réussit très bien. De même avec l'exploitation minière ou forestière. Mais les routes manquent et l'administration fiscale de l'Annam est trop avide. L'industrie est toute à créer et le commerce, actuellement aux mains des Chinois, serait productif pour des maisons européennes. Le pays reste donc ouvert à toutes les entreprises.

Dans le *Cambodge*, où la propriété individuelle vient

d'être constituée sous notre influence (1884) les productions sont plus variées qu'en Cochinchine et ressemblent à celles du Tonkin (coton, tabac, café, indigo, sucre de palme, poivre, riz, gomme gutte, gomme laque, mûrier, etc.); il y a aussi des mines de fer, des gisements de kaolin, de salpêtre, etc. L'industrie aux mains des Chinois (distilleries, poteries, indigoteries, fabriques de nattes, etc.), est très primitive. Il y a place au Cambodge, comme en Annam, pour de nombreuses entreprises.

Nouvelle-Calédonie. — Les exploitations agricoles, forestières et minières sont une source de profits assurés. Les concessions de terre peuvent être gratuites; elles sont dans ce cas, de 20 ares dans un village, de 4 hectares pour les terres à culture et de 20 hectares pour les terres à pâturage. Le concessionnaire a de plus son passage gratuit pour lui et sa famille, des rations de vivres durant six mois, des dons d'outils et semences, une case provisoire, une concession supplémentaire de 2 hectares pour chaque enfant né dans la colonie; il n'est obligé, en retour, qu'à habiter, cultiver, enclore sa concession et construire dans l'intervalle de quatre ans une maison habitable. Le prix de la terre est de 20 à 30 francs l'hectare, avec de grandes facilités de paiement. Les forêts, très étendues, abondantes en essences précieuses (comme le kaori, conifère géant), ne sont exploitées par des libérés que dans le sud, à la baie de Prony, et la colonie doit importer annuellement d'Australie pour plus de 500 000 francs de bois.

Les mines, très abondantes et variées, sont exploitées au nom de différents capitalistes français : *l'or* à Fernhill (abandonnée, puis reprise), le *cuivre* (vallée du Diahot, surtout à la Baladé, 2 500 tonnes en 1887, à 250 francs la tonne), *l'antimoine* (minerais très riches, rendemént trop abondant pour les besoins du commerce), *plomb* (700 tonnes en 18▪7, à 150 francs la tonne), *nickel* (5 000 tonnes en 1887, à 130 francs la tonne; mines de Thio; prix du nickel, dont l'usage devient courant, abaissé en dix ans de 40 à 4 francs le kilo.), *chrome* (1 800 tonnes en 1887, à 50 francs la tonne), *cobalt* (3 500 tonnes à 90 francs la tonne, en 1887), *houille* (gisements reconnus sur la côte ouest, mais non exploités, bien que la colonie achète 40 000 tonnes par an à l'Australie).

La situation monétaire est embarrassée; peu ou point de monnaie d'or, et la monnaie d'argent perd 5 pour 100 en Australie; les remises sur France se font par traites sur le Trésor; pas d'établissements de crédit autre qu'une succursale de la Banque d'Indo-Chine à Nouméa.

Iles de la Société. — Concessions de terres par la Caisse agricole, de 50 ares à 50 hectares, payables en 10 ans. Industries actuelles : deux usines à égrener le coton, trois usines à sucre, une distillerie de cannes à sucre et de miel, une fabrique de fécule de coco, pêche et traitement des huîtres à nacre.

Guyane. — Sol très fertile, mais non cultivé faute de bras; concessions à 25 francs l'hectare; mines de limonite contenant 40 à 60 pour 100 de peroxyde de fer, inexploitées; gisements aurifères dans les alluvions des bassins de l'Approuague, de la Mana et du Sinnamary, appauvris; mines de quartz aurifère nécessitant des machines à broyer, imparfaitement traitées faute de moyens de transport. (En 1887, 1 800 tonnes d'or valant 5 000 000 de francs; permis de recherches accordés pour un ou deux ans moyennant redevance de 0 fr. 10 par hectare; permis d'exploitation pour neuf ans, contre redevance de 0 fr. 50 par hectare et de 230 francs par kilogramme d'or ; 600 000 hectares concédés, dont le dixième exploité). Les forêts, immenses et riches, ne sont exploitées (6 000 hectares seulement) que par l'administration pénitentiaire.

Antilles. — La culture et l'industrie exigent de gros capitaux, pour la canne à sucre et ses dérivés, les rhums et tafias, pour les cafés, cacaos, etc. Les entreprises commerciales en gros ou en détail, directes ou en commission et consignation sont aux mains des capitalistes de la métropole, qui prélèvent une remise de 10 à 25 pour 100 sur le fabricant, une commission de 5 pour 100 sur le montant brut des factures, un intérêt de 6 pour 100 et un escompte de 3 pour 100 sur les sommes avancées, soit en tout 15 pour 100 au comptant et 25 pour 100 à terme sur le prix de toute marchandise.

CONCLUSION

En rapprochant les unes des autres les indications précédentes, on peut formuler quelques règles précises de colonisation à l'usage des Français.

1° **L'acclimatation** est possible, sans précautions particulières, en *Algérie et Tunisie*, *Réunion*, *Nouvelle-Calédonie, Iles océaniennes*, *Saint-Pierre* et *Miquelon*. — Elle est difficile dans les autres possessions et exige les soins d'hygiène prescrits pour les régions tropicales.

2° **Les émigrants sans capital** peuvent trouver un salaire suffisant en *Algérie* et *Tunisie* (viticulteurs, mineurs et carriers, mécaniciens, métiers divers); à *Saint-Pierre et Miquelon* (charpentiers et calfats); à la *Réunion* (agriculteurs, distillateurs); en *Cochinchine* (mécaniciens); à la *Nouvelle-Calédonie* (métiers divers); à la *Guyane* (métiers divers); aux *Antilles* (mécaniciens).

3° **Les émigrants avec un petit capital** peuvent faire des établissements de commerce en *Algérie* et *Tunisie* (tissus et produits de France, objets courants); au *Sénégal* (produits européens, objets courants); à la *Nouvelle-Calédonie* (divers), à *Saint-Pierre* et *Miquelon* (approvisionnements de pêche). — Ils peuvent aussi obtenir des concessions agricoles en *Algérie* (40 fr. l'hectare); en *Tunisie* (100 fr. l'hectare); au *Gabon-Congo* (concessions gratuites); à *Mayotte, Comore* et *Nossi* (rétrocessions); en *Nouvelle-Calédonie* (20 à 30 fr. l'hectare; concessions gratuites); aux *Iles océaniennes* (rétrocessions, concessions de 50 ares payables en 10 ans).

4° **Les gros capitalistes**, agissant par eux-mêmes ou par représentants, ont devant eux dans les colonies un immense champ d'entreprises aussi variées que productives : agriculture, mines, industrie, commerce, banque, tout est à créer ou à développer. Il suffit de connaître les qualités propres de chaque pays et d'oser !

D'une façon générale, toutes nos colonies sont des pays de production ou d'exploitation agricole, qui fournissent les matières premières de nos industries. Les comptoirs de l'Inde et les États de l'Indo-Chine, avec leur nombreuse population, sont en même temps des marchés ou des pays de spéculation commerciale.

Que les capitaux s'y portent donc et que la France en déloge les étrangers !

INDEX

DES NOMS DE PERSONNES

INDEX

DES NOMS GÉOGRAPHIQUES

U

V W

X

Y

Z

TABLE DES MATIÈRES

Paris. — Imp. E. Capiomont et Cie, rue des Poitevins, 6.